Wolfgang Zielke
Sprechen ohne Worte

Wolfgang Zielke

Sprechen ohne Worte

Mimik, Gestik, Körperhaltung verstehen und einsetzen

WISSEN

Lizenzausgabe 1992 für
Wissen Verlag GmbH, Herrsching

Umschlaggestaltung: Bine Cordes, Weyarn
Printed in Germany
ISBN 3-8075-0049-9

Inhaltsverzeichnis

Ein paar Worte im voraus

Täglich begegnen wir Menschen. Manche sind uns auf den ersten Blick sympathisch, andere weitaus weniger. Es gibt Partner, denen man auch Worte herber Kritik nicht übel nimmt. Andere brauchen kaum etwas zu sagen, dennoch verhalten wir uns ablehnend. Es kommt sogar oft genug vor, daß uns jemand mit freundlichen Worten begegnet und wir uns dennoch nicht zu ihm hingezogen fühlen. Für solche Erlebnisse oder Gefühle gibt es viele Gründe. Ein Grund kann darin liegen, daß die körpersprachlichen Äußerungen eines Gegenübers, unbewußt richtig gedeutet, zu unserem Verhalten führen.

Viele Menschen verraten mit Gestik, Mimik und Körperhaltung, daß sie etwas ganz anderes wollen oder fühlen als sie sagen. Wer die Zeichen zu deuten weiß, läßt sich nicht täuschen. Mitunter findet ein Mensch, der gern mit uns in gute Beziehungen treten möchte, nicht die richtigen Worte, er ist schüchtern oder gehemmt. Wieder vermag die richtige Deutung zu körpersprachlichen Äußerungen helfen. Man wird durch ihre Kenntnis »einsichtig« und nachsichtig, ohne das Nachsehen zu haben.

Tüchtige Verkäufer lesen aus Haltung und Gebärden ihrer potentiellen Kunden viel heraus. Sie erfassen sofort, ob hinter einer zur Schau getragenen Ablehnung der Kaufwille steckt oder hinter der Interessenbezeugung, die nur dazu dient, Zeit zu gewinnen, die völlige Gleichgültigkeit.

Wenn wir die nichtverbalen Äußerungen der uns begegnenden Menschen richtig zu deuten wissen, so wird es leichter, in Kontakt zu kommen, die vielleicht gegenteiligen Ansichten einander anzupassen, Kompromisse zu finden.

Die forschende Psychologie befaßt sich schon mehr als hundert

Jahre lang mit den körpersprachlichen Äußerungen. Es gibt jedoch nur wenige Bücher, die kurz gefaßt das Wesentliche so herausstellen, daß auch der interessierte Laie sich mit der Problematik vertraut machen kann.

Ich hoffe, unseren Lesern mit vorliegendem Buch einen guten Einblick zu geben und mit ihm ein wenig dazu beizutragen, daß Menschen einander besser verstehen und ehrlicher miteinander reden.

Kinesik, so nennt man die Wissenschaft von der Körpersprache inzwischen, ist keine Geheimwissenschaft, mit der man Macht über andere gewinnt. Die Kenntnis der körpersprachlichen Äußerungen kann jedoch dazu verhelfen, daß wir mehr voneinander erfahren, besser miteinander kommunizieren und einander als Persönlichkeiten anerkennen.

Wolfgang Zielke
Düsseldorf

1. KAPITEL

Lippen schweigen – Augen hören

Allgemeines

Mit Worten läßt sich's trefflich lügen. Stimme und Tonfall lernte der Mensch so gut beherrschen, daß er damit andere nach Belieben täuscht. Mit der Sprache des Körpers verraten sich selbst Lügengenies. Das meinen jedenfalls die Psychologen. Die müssen das doch bestens wissen, was viele andere so gerne wissen würden: Wie man Menschen erkennt und durchschaut, ihnen auf die Schliche kommt. Schon als Methusalem noch Teenager war, versuchten Rhetoriker mit Körpersprache ihr Publikum in den Griff zu bekommen. In unseren Tagen, da alles tiefgründig wissenschaftlich erforscht wird, spürte die Psychologie, in mangelnder Kenntnis der Körpersprache eine Lücke auf und bemüht sich kräftig und heftig, unter dem Namen Kinesik, diese zu schließen. Lernen Sie mit uns die Körpersprache zu verstehen, damit Sie in punkto Menschenbehandlung den Anschluß behalten! Entnehmen Sie aus der Art, wie jemand die Füße voreinandersetzt, die Arme verschränkt, den Kopf neigt, was ihn bewegt und er vielleicht nicht sagen möchte.

Vieles, was Sie äußerlich am Menschen beobachten können, ist ihm wie Ihnen von Natur gegeben. Manches davon haben Sie schon immer gewußt oder rein gefühlsmäßig richtig gedeutet. Beobachten Sie (mit unserer Hilfe) von nun an bewußter und aufmerksamer – es macht Spaß und bringt in vielen Kontaktsituationen Nutzen.

Es ist nicht leicht, Zeichen der Körpersprache richtig zu deuten. Das liegt daran, daß sie nur selten einzeln zu betrachten sind. So wie Wörter nur im Zusammenhang des Satzes und dieser im Gesamtzusammenhang der Ausführungen richtig zu verstehen sind, sind auch Gesten nur im Gesamtbild der Persönlichkeit richtig zu deuten.

Nicht jeder, der in der Hosentasche mit dem Kleingeld klimpert, zeigt deutlich, daß seine Gedanken allein dem Mammon anhängen. Bemerken wir diese Geste des öfteren, ist sie gar zur unlieben Gewohnheit geworden, dann gibt sie Zeichen. Schauen Sie genauer hin! Achten Sie aufmerksamer darauf, ob nicht auch anderes Gebaren auf Geldgier weist! Hat es der Beobachtete an sich, Wechselgelder nur zögernd herauszugeben (so wie der Kellner, der aufreizend lange in den auf offener Hand gehaltenen Münzen herumkramt) oder macht unser Freund gar Witzchen wie:

»Ich dachte, der Rest sei für mich!« – dann war doch schon die Hosentaschen-Geldklimperei ein Signal und zeigte, daß jener hinter dem Pfennig her ist. Sehen Sie nicht in jeder geballten Faust eine Geste der Aggression, wird aber die geballte Faust zur ständigen Grußgeste oder zum Emblem, dann wissen wir, was uns blühen kann, wenn diese Knospe einmal aufgeht.

Streng genommen trifft der Name Kinesik nicht genau. Die Vorsilbe *kin* weist nur auf Bewegungen hin (Kinetik = Lehre von der Bewegung durch Kräfte / Kinomatograph (kurz: Kino) = Apparat zur Aufnahme und Wiedergabe bewegter Bilder).

Wir werden jedoch außer kinetischen auch statische, also ruhende, Ausdrucksformen zu betrachten haben. Streiten wir uns nicht ums Wort, es ist nunmal geprägt, betrachten wir lebendige Menschen, um einander besser verstehen zu lernen. Das Gedankengut der Körpersprache möglichst weit zu verbreiten, scheint mir schon deshalb sehr nützlich, weil schon wieder einmal Geschäftemacher herumreisen, die es (gegen viel gutes Geld) als Geheimlehre anbieten. –

Versuchen Sie, hier beschriebene Haltungen selbst einzunehmen bzw. Bewegungen nachzuvollziehen und beobachten Sie sich dabei genau. Ergründen Sie Ihre Empfindungen bei bestimmten Haltungen, dann werden Sie am schnellsten verstehen lernen.

Schauen und verstehen

Da haben klug beobachtende Psychologen festgestellt, daß Mimik nach und nach zur Psychonomie wird. Wer dauernd lacht und fröhlich ist, dem prägt sich sein heiteres Wesen im Gesicht ein. Wer dauernd die Mundwinkel nach unten verzieht, stempelt den Griesgram in sein Gesicht. Es ist zwar eine alte Weisheit, doch vielen »Neuzeitlichen« weitgehend unbekannt: psychisches Verhalten und psychische Eigenschaften zeigen im physischen Bereich ihre Wirkungen. Umgekehrt erzeugt ein bewußt eingestelltes physisches Verhalten Empfindungen in uns. Beißen Sie einmal die Zähne fest zusammen. Spüren Sie nicht, wie Sie gespannt und vielleicht sogar verkrampft werden?

Der Volksmund hat es längst gewußt, wenn er mit körperlichem Geschehen gefühlsmäßige Haltungen verdeutlicht. Da beißt einer »die Zähne zusammen«, um sich durch innere Verspannung selbst Halt zu geben. Ein anderer hat ein »verkniffenes« Gesicht, ein dritter den »Kopf immer oben«. Vom »aufrechten« Gang wird auf einen aufrechten Charakter geschlossen. Andere sind »geduckt« oder »gebückt«. Da wir Helligkeit, Licht und Glanz dem Positiven zuordnen, spricht man von einem »strahlenden Blick« beglückter Menschen.

Urgeste »nach oben«
Urgeste »nach unten«

Dabei kann auch der »finstere Blick« in absoluter Helligkeit empfunden werden. Wer auf der Sonnenseite des Lebens steht ist »erhoben« oder »stolz gereckt«, auf der anderen Seite ist man »gedrückt«, kommt sich »ganz klein« vor.

Schauen Sie sich um, es gibt viele weitere solche Sprachbilder. Etwas verallgemeinernd stellt sich heraus: Alles Positive ist nach oben gerichtet, alles Negative strebt nach unten.

Also dann: Auf (nach oben) geht's!

Mit der Verfeinerung der Sprache geriet die Bewegung als Verständigungsmittel in den Hintergrund. Zwar hängt heute nicht mehr das Leben davon ab, sofort an der Haltung zu erkennen, ob der, der uns begegnet, uns feindlich oder freundlich gesonnen ist. Dennoch kann er, friedlich grinsend, uns an den Kragen wollen. Kenntnis von Haltung und Bewegung im beruflichen wie im privaten Leben trägt beträchtlich zum Selbstschutz bei.

Schauen und Verstehen von Haltungen und Bewegungen sollten zunächst die Gesamtheit der Richtung beachten. Zwei Richtungen nannten wir schon: Die nach oben, das Aufstrebende, Positive ausdrückend, und die nach unten, das Niederdrückende, Herabziehende verdeutlichend. Der eine fühlt sich sicher, macht sich groß und auf sich aufmerksam, der andere möchte ganz klein und unsichtbar werden, damit er der Aufmerksamkeit entgeht. Mit dem Sichverkleinern möchte er Gefahren entgehen.

Ähnlich wirkt die Bewegung zurück. Ein Mensch, der etwas Unangenehmes hört, tritt einen Schritt zurück oder lehnt sich rückwärts, er möchte fliehen. Der Gegensatz dazu ist die Bewegung nach vorn. Bei freudigen Nachrichten schiebt man den Kopf vor. Beobachten Sie Menschen, wenn sie, z. B. in einer Galerie, Kunstwerke betrachten. Gefällt ihnen etwas, so beugen sie Kopf und Oberkörper dem Objekt zu, mißfällt es ihnen hingegen, so lehnen sie sich zurück, ziehen den Kopf (oft über die Schulter gewendet) nach hinten.

Wenn man etwas haben will, rückt man näher an dieses Etwas heran. Ursprünglich ging es da wohl hauptsächlich um die Ernährung, das sich-einverleiben-Wollen. Reste davon treffen Sie noch bei kleinen Kindern, die sich Dinge, die ihnen gefallen, in den Mund stecken. Haben – in Besitz nehmen wollen – hat die Tendenz der Bewegungen »heran«. Will jemand hingegen etwas loswerden, von sich wenden, auch in symbolischen Sinne, so ist die Bewegungsrichtung: »hinweg«. Gesten des Abscheus oder Ekels sind immer vom Körper weggerichtet.

Unsere Einstellung zur Kinesik

Wie gut, daß die Zeiten der Geheimlehren vorbei sind. Ob Zauberei oder Alchemie, Kabbalistik, Astrologie, Okkultismus, bei alldem wollte sich eine kleine Gruppe von Menschen Macht über andere verschaffen (heute benutzt man dazu die Politik). Geheimlehren scheuten vor Täuschung und Betrug nicht zurück, z. B. gaben Alchemisten vor, den Stein der Weisen zu besitzen und Gold machen zu können. Mancher »Geheimtip« ist durch die Mauern gedrungen und hat sich gar bis heute erhalten.

Z. B. das Kreuzen der Finger oder Hände, um etwas Übles abzuwenden, oder, hinter dem Rücken vorgenommen, einen Eid ungültig zu machen. Vom echten dreimaligen Aus- oder Anspucken (Schlechtes von sich geben) ist uns noch das toi – toi – toi geblieben ...

In dem Maße, da forschende Wissenschaft die Erscheinungen der belebten und unbelebten Natur erfaßte und ihre Einsichten nach und nach jedermann zugänglich wurden, schwanden Mystifikationen. Es ist eine Sache des guten Lernwillens, wieweit jeder profitiert.

Wissenschaftler sind, wenn es nicht um Honorare geht, reinste Idealisten. Sie glauben fest, daß Kenntnis der Körpersprache bei jedermann die persönlichen Beziehungen verbessern. Durch Verständnis fremder und Steuerung der eigenen körpersprachlichen Signale kommen sich die Menschen näher. Kinesik hilft, Lügen in Schranken zu weisen. Wie oft hören wir das Wort von der Menschenkenntnis und der Menschenbehandlung. Wer beides positiv sieht, beginnt mit Selbsterkenntnis und Selbsterziehung. Das ist seit langem nötig, denn selten ist es ja nicht, daß man sich selbst etwas vormacht. Beobachtung eigener körpersprachlicher Äußerungen schafft da gründlich Wandel, führt zur Einsicht. Beobachten Sie beispielsweise die Haltung des Rumpfes. Die Oberkörperhaltung hat einiges mit der Atmung zu tun. – Tiefes Einatmen = wir erweitern den Brustkorb und verspüren Kraft. Kraftmeier drücken die Wirbelsäule nach innen durch, ziehen die Schulterblätter zusammen, heben die Rippen an. In der Umgangssprache heißt es: Er wirft sich in die Brust, schmeißt sich in Positur, pustet sich auf. In dieser Stellung sind zugleich Hals und Weichteile (Bauch, Eingeweide) ungeschützt, besonders gefährdet. Angsthasen versuchen, ihren Hals zu verkürzen, mit dem der Brust genäherten Kinn den Hals und mit dem gekrümmten Rücken den Bauch zu schützen. Stellen Sie sich vor, welcher Zwiespalt der Gefühle in ängstlichen oder zurückhaltenden Menschen entstehen muß, wenn sie zu militärischem Strammstehen (Krafthaltung) gezwungen und gleichzeitig (ohne sich wehren zu dürfen) von einem Schleifer angebrüllt werden.

Die Ausdrucksfähigkeit der Körpersprache

Entfernungsmessung braucht einen Punkt 0, von dem aus gemessen wird und einen Punkt n bis zu dem hin das Maß gilt. Jemand benennt beispielsweise die Entfernung vom gegenwärtigen Standpunkt bis zur Post einem Fragenden mit 500 m. Jede Beobachtung braucht ihre Bezugspunkte, auch die der körpersprachlichen Aussagen. Es gilt gewissermaßen ein Nullpunkt als Ausgangslage. Amerikanische Psychologen nahmen dafür die halbentspannte Körperhaltung an. Der Mensch steht verhältnismäßig locker, aber aufrecht. Die Arme hängen aktionsbereit am Körper herab, die Füße sind geschlossen, der Kopf nach vorn gerichtet. Diese Haltung sehen Sie bei Boxern, kurz bevor der Gong die Runde einleitet. Sie klingt auch in der Grundstellung an, welche Turner in der Riege einnehmen, wenn sie darauf warten, mit ihrer Übung an die Reihe zu kommen. Jede Bewegung oder Haltung, die von der Grundstellung abweicht, läßt sich beobachten und deuten. Es wurde sogar

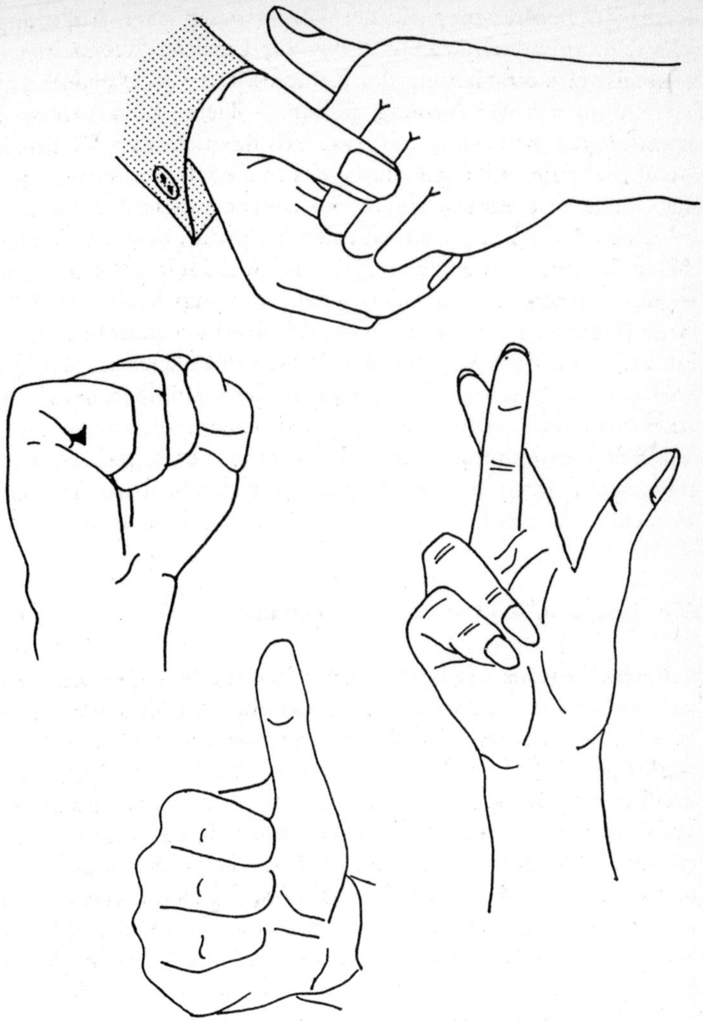

»Verschiedene Handausdrucksformen«

versucht, die Abweichungen zu messen, um zu festgelegten Schemata, gewissermaßen zu einer Schrift der Körpersprache zu kommen. Wir melden hier Bedenken an, weil gleiche Haltungen, je nach dem, in welchem Gesamtzusammenhang sie erscheinen und welche verbalen Äußerungen einhergehen, Unterschiedliches aussagen. Wer den Kopf beugt (hängen läßt), muß nicht unbedingt niedergeschlagen sein, er kann etwas suchen, was ihm zu Boden fiel, oder (im übertragenen Sinne suchend) über ein Problem nachdenken. Kurzer Atem, bei dem Luftstöße durch die Nase geschnaubt, die Nüstern gebläht werden, können Zorn andeuten, ebenso schlecht aber Zeichen einer Krankheit sein oder auf eine hinter sich gebrachte Anstrengung deuten. Sonst aber sind Atemgeräusche ein guter Ansatzpunkt für Beobachtungen. Hier bauen die meisten Menschen schon auf mancherlei Vorwissen auf. Etwa, daß ein deutliches, langes Ausatmen mit vorgestülpten Lippen ein Zeichen der Erleichterung ist; ein scharfes, tönendes Ausatmen mit gespitzten Lippen (Pfeifen) Erstaunen symbolisiert; werden die Nasenflügel gebläht, so ist das oft der Ausdruck einer inneren, mühsam zurückgehaltenen Erregung.

Weitere gute Beobachtungsobjekte für den Anfang sind Hände. Verkrampfte Hände: das Zeichen dafür, daß sich der Mensch unwohl fühlt. Im Gerichtssaal, bei Behörden, auf dem Zahnarztstuhl oder wenn man wegen eines Fehlers in das Chefzimmer gerufen wird, zeigen sich verkrampfte Hände deutlich.

Hände sind dem Menschen Werkzeuge und Waffen, die Natur will, daß sie *hand*eln. Zwingen (z. B. die genannten Situationen) Hände zur Untätigkeit, so spannen sich wenigstens ihre Muskeln an, sie verkrampfen oder beginnen zu spielen. Je kürzer und unruhiger solche Spielereien, Bewegungen sind, desto nervöser ist der, der sie ausführt. Sehr langsame, lässige Handbewegungen sagen genau das Gegenteil aus, nämlich daß sich der Handhalter und -beweger als Herr der Lage fühlt. Deshalb schauspielert manch einer seine »Handlungen« und der sorgfältig Beobachtende wertet sie dann als Unhöflichkeiten.

Die Körpersprache ist gleich wortreicher Sprechsprache voller Ausdrucksfähigkeit. Man muß nur die verschiedenen Vokabeln zu deuten wissen. Wer sie meisterhaft beherrscht, kann durch gegengerichtete Signale Kontakte knüpfen. Läßt ein Gegenüber deutlich Abweisung oder Verteidigung erkennen (häufig schon durch ostentativ verschränkte Arme), so kann durch betont eingenommene offene Haltung (bewußt lockeres Hängenlassen der Hände) der Bann gebrochen werden.

Der erzielt Aufmerksamkeit und Lockerheit und Sympathie, der negativen Ausdrucksformen bewußt mit positiven begegnet.

Gesten gehören in Zusammenhänge

So wie die ersten kalten Füße nicht den Winter machen, so gibt Ihnen die einzelne Geste noch keine gültige Auskunft über Ihr Gegenüber. Die Kinesik betrachtet Bewegungszusammenhänge und weist unter anderem darauf hin, daß einander folgende Gesten sich gegenseitig aufzuheben vermögen.

Viele Farbpartikel ergeben erst das vollständige Bild, doch kann der einzelne Tupfer, je nachdem wie gesetzt, schon zeigen, welcher Maler das Bild schuf. Kann – muß nicht. Oft bedarf es des versierten Fachmannes, um aus wenigen Einzelheiten Rückschlüsse auf das Ganze zu ziehen. Gehen Sie bei Ihren Betrachtungen lieber auf die berühmte Nummer »sicher«. Vergewissern Sie sich, ob die verschiedenen Gesten und körperlichen Ausdrücke zueinander passen, spontan kommen oder gekünstelt sind. Vielleicht stoßen Sie dann besonders oft auf geschauspielerte Körpersprache und erkennen, was wirklich hinter dem Anderen steckt. So zeigen zu große Hand- und Armbewegungen bei Berichten deutlich, daß hier einer übertreibt, vielleicht sogar lügt, oder seine eigene Unbedeutendheit überspielen will.

Haltung und Bewegung

Daß Haltungen und Bewegungen nicht nur von der menschlichen Psyche her zu deuten sind untersucht eine weitere Lehre, die Proxemik. Sie befaßt sich mit dem Verhalten des Menschen in Abhängigkeit vom Raum, der ihn umgibt. Wir lassen sie hier außer acht. Versuchen Sie jedoch bei Ihren Beobachtungen, die äußeren Umstände miteinzubeziehen. Vergleichen Sie außerdem die Körpersprache mit dem, was der Mensch mit Worten sagt. Noch streitet man sich darüber, ob Haltung eingefrorene Bewegung ist oder Bewegung aktivierte Haltung. Der Streit ist so klug wie der, ob Eis gefrorenes Wasser oder Wasser getautes Eis sei. Bedenken Sie, eine Haltung nimmt man ein. Meist unbewußt, mitunter auch sehr bewußt. Wird eine Haltung zu lange »gehalten«, so kann das auf einen psychischen Defekt hinweisen. In Gesprächen wechselt die Haltung fortlaufend und sagt, wie die gleichzeitig gesprochenen Worte, fortlaufend etwas aus. Eine Haltung oder Stellung ist immer so etwas wie eine Ausgangslage, von der heraus man operiert. Die Haltung des Läufers beim Start zeigt beispielsweise die Bereitschaft zur Aktion. Wer in Gesprächen eine ähnlich gespannte Haltung einnimmt, will zum Ausdruck bringen, daß er aktionsbereit ist, z. B., daß er einen Diskussionsbeitrag leisten möchte. Der vorgeneigte Oberkörper, die in die Hüfte gestützten Hände, können z. B. signalisieren: »Nun laßt mich mal etwas sagen!«

Wer sich zu Beginn eines Gespräches von der Vorderkante des Stuhles Querrinnen in den Südpol drücken läßt, deutet damit Ängstlichkeit an. Er sitzt so weit vorn, daß er davoneilen kann. Wer sich aber zunächst hörend zurücklehnt und rutscht dann vor, will im allgemeinen nach einer lang genug dauernden Zeit des Zuhörens nunmehr selbst reden. Wenn ein zunächst in ruhiger Haltung Zuhörender sinnlose Aktivitäten in Gang setzt (z. B. auf Papier herumkritzelt), so ging sein Interesse an der Unterhaltung verloren. Beobachten Sie sorgfältig solche Wechsel.

Wer nach anfänglichem lockeren Stehen plötzlich mit der einen Hand auf dem Rücken nach dem anderen Arm greift, demonstriert damit die Suche nach einem Halt (es kann aber auch ein Zeichen der Selbstbeherrschung sein).

Worte können lügen

Wenn die Aussagen von Haltung und Bewegungen nicht mit denen übereinstimmen, die das gesprochene Wort zugleich macht, so wirken die Gesten demaskierend. Lächeln ist im allgemeinen ein Ausdruck des Wohlwollens. Schon das zynische Lächeln zeigt, daß es ganz anders sein kann. Ein erstarrtes Lächeln in Verbindung mit bösen Worten wird zur Grimasse. Nicht immer sind Zeichen so deutlich. Wer in Worten sagt, daß man zusammenhalten müsse und gemeinsam die Probleme lösen wolle und dabei zurücktritt, sich gewissermaßen von den anderen entfernt, zeigt damit ziemlich deutlich, daß er es nicht ernst meint. Dann heißt es auf weitere Zeichen achten. Es könnte ja auch sein, daß der kleine Schritt zurück einen anderen Grund hatte. Wer von einer Sache oder Person behauptet, daß sie ihn nicht im mindesten interessiere oder berühre und dabei eine einverleibende Geste macht, lügt wahrscheinlich auch. Mit Worten zu lügen haben die meisten Menschen blendend gelernt. Mit Gesten ist das nicht so einfach. Um mit der Körpersprache zu lügen, müßte man sie bis in die letzten Ausdrucksphasen hinein beherrschen und umstellen. Das hieße aber schon wieder, sich mit der ganzen Person zur Wahrheit bekennen, also die Lüge abbauen. Achten Sie bei Politikern (z. B. im Fernsehen) darauf, wie oft Aussage und Geste nicht übereinstimmen. Da gibt sich jemand jovial und wählerfreundlich, ballt aber dabei die Fäuste wie zum Angriff. Ein Anderer spricht von Mut und Stärke, mit denen man den Feinden entgegentreten müsse, und läßt jegliche Kraft in seiner Gestik vermissen. So zeigt es sich, daß die körpersprachlichen Ausdrücke meist mehr die Wahrheit aussprechen als die gelautete Sprache.

Wir dürfen jedoch als sicher annehmen, daß es jemand ehrlich meint, wenn Worte, Haltung, Bewegungen übereinstimmen.

Mitunter verrät sich da auch jemand ganz unvermutet und natürlich ohne die geringste Ahnung zu haben. Betrachten Sie Gruppen von Demonstrierenden, man kennt an Haltung und Gesichtsausdruck deutlich die heraus, die sich nur einen Jux machen wollen, aber auch die, welche von anderen gezwungen wurden mitzugehen.

Um Unwahrheiten zu erkennen und Lügner zu entlarven, sollten Sie besonders darauf achten, ob jemand ungewöhnliche Haltungen einnimmt oder Bewegungen ausführt. Meist will da jemand mehr scheinen als sein. Ein typisches Beispiel: Der früher häufig karikierte »hochherrschaftliche« Diener. Er nimmt eine (wie er meint) Haltung von Stolz und Würde an, wie sie eben einem »Hochgestellten« geziemt. Er reckt sich in die Höhe, um groß zu erscheinen und zieht zu gleichem Zweck gar das ganze Gesicht in die Länge. Ganz anders der Bittsteller, der sich bewußt kleiner macht, sich gewissermaßen erniedrigt, um dem, an den die Bitte gerichtet ist, das Gefühl der Überlegenheit zu geben. Damit ist die Hoffnung verbunden, daß, über die auf diese Weise vermittelte Größe, der Erhobene auch Größe in der Gewährung der Bitte zeigen wird.

Innerhalb bewußter und auch unbewußter Körpersprache findet sich manch geheime Mitteilung. Die Auffälligsten sind unterdessen ihres Geheimnisses entblößt. Das Zwinkern mit den Augen, das leichte Zunicken oder kurze Anheben der Hand und, ganz grob, das schienbeingefährdende Antippen mit dem Fuß unter dem Tisch.

Allein seinem Gesprächspartner einen nur unmerklich längeren Blick zuzuwerfen wird zur Mitteilung wie auch das kurze schnelle Abwenden etwas sagt. Signalisiert der erste Fall Sympathie, so zeigt das zweite Verhalten genau das Gegenteil. Die demonstrativ in die Hosentaschen gesteckten Hände, besonders wenn die Daumen dabei draußen bleiben, können zum Ausdruck tatsächlicher oder eingebildeter sexueller Potenz oder aber einem Wunschdenken in dieser Richtung werden.

Achten Sie auf das Regelmaß gewisser Gesten! Wer immer wieder dasselbe mimt, zeigt damit, daß diese ein Teil der Persönlichkeit sind – sie wurden zur »Angewohnheit«. Der Jüngling, der sich ständig durch die Haare fährt, möchte auf sich aufmerksam machen. Die Dame, die immer wieder über ihren Körper wegstreicht, demonstriert damit, daß sie eine gute Figur hat.

Sehen und übersehen

Ergänzend kann dieser Überschrift noch hören und überhören hinzugefügt werden. Bei gesprochener Sprache spielen Stimmlage und Tonfall eine ebenso große Rolle wie die Worte. Alles zusammen sollte wiederum im Einklang stehen mit den nichtverbalen Äußerungen der Körpersprache. Um im bislang besprochenen Sinne zwischenmenschliche Beziehungen zu pflegen, sollte man sehen, beobachten, gelernt haben. Will uns jemand gewaltsam beeinflussen, so ist das geflissentliche Übersehen genau so wichtig. Kommt uns jemand mit Worten grob, so will er uns verletzen. Gleiches gilt auch für die, die ihre Maske fallenlassen. Wieder einmal heißt es umgangssprachlich so richtig, daß jemand sein wahres Gesicht zeige. Beobachten Sie anfangs einstudierte Gesten und werden dann gewahr, daß diese bewußt fallengelassen werden, dann ist man Ihnen nicht wohlgesonnen. Entweder Sie übersehen dann, was eigentlich gar nicht zu übersehen ist oder Sie wenden aktiv, z. B. durch gegengesetzte Verhaltensäußerungen, das Blatt zu Ihren Gunsten.

Mancher versucht dadurch seine Körpersprache in die Gewalt zu bringen, daß er ein undurchdringliches Gesicht aufsetzt. Das nennt man »Beherrschung«, Herr über seine Äußerungen zu werden. Aber das ist kein echter Schutz, sondern signalisiert nur deutlich, daß man den anderen nicht akzeptiert, daß er nicht für einen da ist. Auch hier heißt es übersehen, so tun, als ob man es gar nicht bemerke. Wieder andere Menschen täuschen Langeweile vor. Sie stützen den Kopf in die Hand und lassen die Lider halb über die Augen fallen: Vorsicht! Dahinter verbirgt sich gespannte Aufmerksamkeit.

Beobachten Sie vor allem Reaktionen auf Ihre eigenen Äußerungen. Beginnt z. B. ein Gegenüber zu pfeifen oder mit den Fingern zu trommeln, so wurde er nervös und unruhig, will sich von Ihnen befreien. Dann ist es sicher besser, sich für dieses Mal zu verabschieden.

Das Leben in das wir uns gestellt fühlen, scheint uns oft zu zwingen, daß wir uns verstellen und beherrschen. Jeder versucht es zumindest. Gelingen kann das jedoch nur, so lange die anderen es nicht gelernt haben, genauer zu beobachten. Für den, der die Körpersprache beherrscht, ist es unschwer festzustellen, wenn ein anderer sich verstellt oder »nur« zusammennimmt.

Jemandem der schauspielert sieht man seine »Zweckhandlung« meist an den etwas abgezirkelten, einem gewissen Schema unterworfenen, Bewegungen an. In spontaner Äußerung kommen alle Bewegungen freier, flüssiger, gekonnter, wie von selbst. So wie mancher versucht, seine Worte wohlzusetzen, so bemüht er sich auch, nichtverbale Äußerungen in den Griff zu bekommen. Da das aber meist nur mit einem Teil dieser Äußerungen, zum Beispiel den Handbewegungen, dem Gang, gelingt, ist solch Gebaren leicht durchschaubar. Einige Hinweise sollen Ihnen helfen zu erkennen, wann Ihnen mit gespielter Körpersprache etwas vorgemacht werden soll: Zunächst unterliegen diese Bewegungen festgelegten Abläufen, sie wirken unpersönlich, ohne daß man sagen könnte, woran das im einzelnen liegt. Als nächstes kehren sie fast im Regelmaß gewisser Abstände wieder. Gesten kommen nicht spontan, sondern werden wie nach einem Zeitplan »eingesetzt«. Schließlich verwendet man gern zusätzliche Geräte, also man begnügt sich nicht mit dem Körper: Einer traktiert mit dem Bleistift, der andere droht mit der Tabakspfeife, ein dritter malt Ornamente mit dem Brillenbügel in die Luft.

Zwischenmenschliche Beziehungen

Nun ist diese Abhandlung doch recht trocken geworden. Trösten Sie sich, im nächsten Kapitel wird es etwas feuchter.

Bevor wir in unserem Buch auf ganz besondere und typische Situationen zwischenmenschlicher Beziehungen genauer eingehen, auch hierzu einiges allgemeine im voraus: Jeder Mensch ist vom Geltungstrieb beherrscht. Man will etwas sein, etwas vorstellen und möchte, daß alle Welt es anerkennt. Das führt dazu, daß der Mensch überall, wo er die Möglichkeit dazu hat, seine Macht zeigt. Aufmerksame Beobachter lesen daraus schon wieder ab, daß der, der Macht an unwesentlichen Stellen zeigt, sie an wichtigen Stellen entbehrt. Der große Bruder schimpft mit dem kleinen, bedroht und züchtigt ihn gar, weil er sich dem Vater gegenüber nicht durchsetzen kann. Der Geselle ohrfeigte (früher?) den Lehrling, weil er den Meister nicht angreifen konnte. In Reinkultur konnte man früher (nur früher?) Machtdemonstration und Unterwürfigkeit durch die ganze Hierarchie militärischer Einheiten beobachten. Beobachten Sie, auf welche Weise Menschen ihre Stellung zu anderen auszu-

»Stehen vor Sitzendem«

drücken versuchen. Gleich dem Lehrer, der vor der Klasse (wie er meint) ihm Unterstellter steht, baut sich manch einer vor Sitzenden auf, um damit seine höhere Position zu beweisen. Wer seinen Platz am Kopf des Tisches sucht (das kann man raffiniert anstellen, indem man wartet, bis andere sich an die Seiten setzten), will ebenfalls Überlegenheit demonstrieren.

In der Operette »Land des Lächelns« symbolisiert der Darsteller des Eunuchen die Doppelzüngigkeit, mit der er sich gegen Trinkgeld verwahrt, dadurch, daß er hinter dem Rücken die Hand nach oben geöffnet hält. Wer die Hand nach oben hin offen hält, erwartet gewissermaßen, daß man ihm etwas hineinlege. Das gilt auch für die Grußgeste, die mit nach oben gerichteten Handtellern ausgeführt wird. Hände sind überhaupt in allen Situationen die besten Beobachtungsobjekte für angehende Ausdrucksforscher.

Wer sich die Hände reibt zeigt fast immer, daß sich eine Erwartung erfüllte. Es kann auch heißen, daß man mit gutem Mut und gesteigertem Interesse an eine neue (für sich selbst sehr einträgliche) Sache herangeht.

So demaskieren sich Menschen fortlaufend, ohne es zu wollen, ja meistens, ohne das geringste davon zu merken.

Sind Ihnen schon Menschen aufgefallen, die sich, wo sie auch sind und wer immer in der Nähe ist, ungeniert laut unterhalten? Man begegnet ihnen heute öfter als früher, besonders häufig unter unreifen Menschen. Mit Lautstärke wird eindeutig die Mißachtung aller anderen dargestellt. Sie werden als überhaupt nicht existierend betrachtet. Man braucht auf jemanden, der nicht existiert, keine Rücksicht zu nehmen. Ein Beispiel, das so kraß ist, daß man die Aussage umkehren kann und nunmehr schließt:

Wer sich so benimmt, als sei er allein da, zeigt damit nur allzudeutlich seine Unreife. Das gilt auch für jene, die immer nur allein reden. Nicht, daß nicht auch andere unreif wären – nur demonstrieren sie das nicht so deutlich.

Kontaktpflege

Die Welt wird enger mit jedem neuen Tag. Schon rechnen die Futurologen damit, daß um die Jahrtausendwende die 10 Milliarden-Zahl der Erdbewohner erreicht wird. Wie eng wir zusammenrücken sehen wir an Urlaubsstränden, in Warenhäusern, in öffentlichen Verkehrsmitteln, in den Universitäten und in Fahrstühlen. Wie wichtig müßte es bei diesen zwangsläufigen Kontakten doch sein, daß man mit seinen Mitmenschen in gutem Einvernehmen steht.

Achten Sie auf Zeichen des Interesses anderer an Ihnen und geben Sie auch Zeichen des Interesses an anderen. Ein geneigter Kopf zum Beispiel signalisiert Interesse. Oft ist es nur vorgetäuscht – aber das zeigt sich schnell am übrigen Verhalten. Wenn jemand Ihre Haltung nachahmt, so kann das heißen, daß er mit Ihnen einer Meinung ist. Ebenso können Sie durch Einnahme der Haltung eines Mitmenschen diesem sagen, daß Sie mit ihm einig gehen. Sehen Sie jedoch, daß der andere reserviert oder gar verkrampft ist, dann suchen Sie nicht mit Gewalt Kontakt.

Es muß erst für Entspannung gesorgt werden. Das schafft mitunter ein Scherz, ein heiteres Wort. Geduld ist eine der größten Tugenden und zahlt sich bei der Pflege zwischenmenschlicher Kontakte immer aus. Haben Sie es nicht schon längst bemerkt, daß Menschen, die schnell in Zorn geraten, die sich über jede Kleinigkeit mit anderen streiten, ungeduldiger Natur sind? In Geduld kann man sich üben. Das ist ein Üben, welches immer lohnt. Es wirkt ruhigstellend auf den eigenen Organismus, beruhigt andere, und bringt damit wohltuende Ruhe in die Beziehungen. Alle Philosophen stimmen darin überein, daß der Weise sich selbst in der Gewalt haben müsse. Kontaktpflege beginnt mit Selbstbeherrschung. Wir sprachen auch schon davon, daß man die Äußerungen der Körpersprache zunächst an sich selbst beobachten und erproben solle. Es läßt sich damit die Selbstbeobachtung und die Selbsterziehung zum Positiven hin sehr gut verbinden. Von verschiedenen Seiten empfiehlt man immer wieder, in den Spiegel zu schauen, oder wie es drastisch heißt: sich an der eigenen Nase zu zupfen ...

Aber bitte nicht die Nase reiben, denn das ist meist ein deutliches äußeres Zeichen für die innewohnende Ratlosigkeit.

2. KAPITEL

Im Sitzen, Stehen und im Laufen

Die Aussagen in der Haltung wandeln sich ständig

Der Vortragende war begeistert bei seiner Sache. Im Auditorium herrschte Spannung. Die Hörer saßen mit vorgebeugtem Oberkörper, die Hände leicht auf den Oberschenkeln liegend und zeigten schon damit, daß sie den Ausführungen interessiert folgten. Das heißt, so war es zu Anfang des Vortrages und noch ein ganzes Weilchen. Allmählich wandelte sich das Bild. In seiner Begeisterung kam der Redner mehr und mehr vom eigentlichen Thema ab und zu Details, die zwar für ihn selbst, weniger aber für die Hörer von Bedeutung waren. Hier und da im Raum setzten sich zunächst ganze Gruppen von Hörern gerade. Dann verschränkten sich Arme vor den Brüsten, als ob es diese zu schützen gäbe. Einige blickten zur Decke, andere richteten den Blick auf den Ausgang (offensichtlich das Ziel ihrer Wünsche).

Solche Zeichen, Änderung von Haltungen und Verhalten, sind Warnzeichen. Hätte sie unser Redner richtig gedeutet, er hätte schleunigst seine Worte beendet, um zu retten, was zu retten ist.

Bemerken Sie wesentliche Veränderungen in der Körperhaltung eines Gesprächspartners, so entnehmen Sie dem, daß der andere nunmehr genug hat. Er will, daß Sie zum Schluß kommen, daß endlich aufgehört wird. Selbst Kinder, die zunächst schuldbewußt eine Strafpredigt über sich ergehen lassen, zeigen auf diese Weise deutlich, wann es genug ist.

Umgekehrt gilt es genau so: Gibt jemand zunächst Anzeichen des Desinteresses zu erkennen, so kontrollieren Sie über dessen Haltungsänderungen, ob ein Bemühen, Ihrerseits Interesse zu erwecken, erfolgreich ist.

Was – im wahrsten Sinne des Wortes – ebensowenig übersehen werden darf: Es gibt gewisse kulturelle oder umweltlich bedingte Unterschiede. In manchen Gegenden ist der betont aufrechte Gang nicht ein Zeichen von Würde und Stolz, sondern von Zurückhaltung. Es gibt ja auch Völker, bei denen die Drehbewegung des Kopfes Bejahung und das Kopfnicken Verneinung bedeutet. Heutzutage beobachten wir mehr und mehr junge Menschen, die im Verband einer Gruppe alle Zeichen der Kraft zeigen, die jedoch, stehen sie anderen einzeln gegenüber, ausgesprochen schüchtern und gehemmt auftreten.

Denken Sie auch daran, daß Haltungen manchmal gespielt werden. Wie brüstet sich mancher, wenn er im Freundeskreis über seinen Alkoholkonsum berichtet, jeder Zoll ein Westernheld (oder wie man sich laut Fernsehkenntnis vorstellt, daß Westernhelden aussehen müssen). Lassen Sie den Helden mal dem verkehrskontrollierenden Polizisten von seinem Alkoholkonsum berichten ...

Wie wir so herumstehen

Stehen heißt natürlich nicht immer herumstehen. Wer herumsteht, hat nichts zu tun. Vielleicht will er ganz allgemein oder mit einer Sache speziell nichts zu tun haben. Sie erkennen es an betont lässigen Armbewegungen oder an Armen, die ganz schlaff herabhängen. Alle Bewegungen sind ein wenig zu langsam, wie in der Zeitlupe ausgeführt. Ein Mensch im Gespräch mit einer Autoritätsperson steht meist gespannt, kerzengerade, mitunter in dieser Haltung verkrampft. Lustigerweise nimmt manch Telefonierender die gleiche Haltung ein, obgleich ihn der Chef oder die Respektsperson am anderen Ende der Strippe, gar nicht sehen kann. Nun leben wir in einem Zeitalter, in dem Autorität laufend in Frage gestellt wird. Nicht nur das, sie wird selbst dort übertrieben heftig abgelehnt, wo sie nützlich ist. Diese Ablehnung zeigt sich auch im Gebaren. Es schlägt ins entgegengesetzte Extrem über. Wo früher Unterwürfigkeit gezeigt wurde, demonstriert man heute Überheblichkeit. Niemand plädiert für Untertanengeist. Kriecherei und Unterwürfigkeitsgebaren wirkt selbst in Filmen vom höfischen Leben oder über

Bräuche aus 1001 Nacht lächerlich oder abstoßend. Der Bittsteller, der sich auf den Bauch wirft oder der Lakai, dessen Verbeugung in die Nähe des Erdbodens führt, sie passen nicht mehr in unsere Zeit. In unserer Zeit sieht man mehr die breitbeinig Stehenden, die mit etwas zu hoch gehobener Kinnspitze, die mit dem Blick über die Schulter. Ob sie allerdings so ganz in die lauthals gepriesene Kontaktfreudigkeit passen, mag man auch bezweifeln.

Eine Stellung, die sich militärischem Strammstehen nähert, drückt, wenn freiwillig eingenommen, Entschlossenheit aus. Man kann ihr auch entnehmen, daß der sich so Haltende nicht beweglich genug ist. Leute, die in ihren Entscheidungen sehr flexibel sind, stehen meist ganz anders da:

Die Beine etwas auseinander, in den Knien locker, der Oberkörper in der Hüftgegend beweglich, sonst aber aufrecht und fest.

»Verschiedene Stehhaltungen«

Lockerheit und entspannte Haltung gehen fast immer Hand in Hand, beim Stehen und Laufen auch Bein in Bein. Vielleicht gibt es Ausnahmen; als allgemeine Regel gilt, daß entspannte Haltung und Wohlgefühl zusammengehören. Wird man von anderen attackiert und kommt dann wie von selbst in starre Haltungen, so kann bewußte Entspannung das Gegenmittel sein. Wollen Sie sich wohl fühlen, dann nehmen Sie häufiger entspannte Haltungen ein. Entspannt heißt nicht lasch, nicht lässig und schon gar nicht lahm. Die Lockerheit, aus der heraus man jederzeit wieder aktiv werden kann, kennzeichnet Menschen, die sich und ihr Leben beherrschen.

Achten Sie auch auf den Blick der Menschen, wenn sie sich im Stehgespräch befinden. Wer gebannt oder ängstlich auf den Gesprächspartner blickt fühlt sich ihm unterlegen. Wer, ebenfalls etwas starr, den Blick leicht oberhalb der Augen seines Gegenübers ansetzt fühlt sich ihm überlegen. Sie erkennen ohne Mühe, wenn sich Freunde oder gute Bekannte unterhalten. Sie stehen locker und blicken häufig oder für längere Zeit zur Seite bzw. auf den Boden. So zeigen sie, daß sie sich dem anderen gleichwertig fühlen, weder über- noch unterlegen sind. In einem alten Theatergag schubst ein Dickbäuchiger seinen Gegenspieler mit dem Bauch über die ganze Bühne. Das ist die nächste Nähe, die man jemanden gegenüber einnehmen kann. Je näher sich im gewöhnlichen Gespräch zwei stehen, desto näher stehen sie sich. Die große Ausnahme dabei (gleich dem Bühnengagler) ist der sich Überlegenfühlende, der uns bewußt auf den Pelz rückt. Das tut er, um uns in die Flucht zu treiben. Vielleicht will er zeigen, daß sein eigenes Revier so groß ist. Menschen, die Distanz im Raum halten, wünschen auch Distanz in den Beziehungen. Sind sie durch Möbel oder räumliche Verhältnisse verhindert, mit der ganzen Person zurückzuweichen, dann ziehen sie zumindest Kopf und Oberkörper zurück.

Im Lauf betrachtet

Auf das Podium marschierte eine Gruppe Turner, gekleidet in langbeinige, quergestreifte Trikots. Schon das wirkte erheiternd.

Zu einem geradezu urkomischen Eindruck wurde der Auftritt durch gestelzten Gleichschritt mit heftig schwingenden Armen. Die Gruppenmitglieder wirkten wie Puppen, die aufgezogen ihren Weg dahergehen. Ähnlich erheitern kann es, auf Amtsfluren die Puppen marschieren zu sehen. Eine Respektsperson vorweg »marschieren« Konferenzteilnehmer in den Besprechungsraum. Einer wie der andere in gleicher Bewegungsart. Oft erkennen Sie Familienangehörige oder enge Verwandte an der gleichen Gangart. Vielleicht ist das nicht gerade ulkig, aber immer aufschlußreich. Dabei zeigt sich ganz deutlich: Wer den Schritt (und auch sonst den Ton) angibt, beansprucht die Führerrolle.

So wie Wortführer in Gesprächen die Gruppe oder Einzelpartner unter sich bringen wollen, so zeigen gleiche Absichten die Schrittführer.

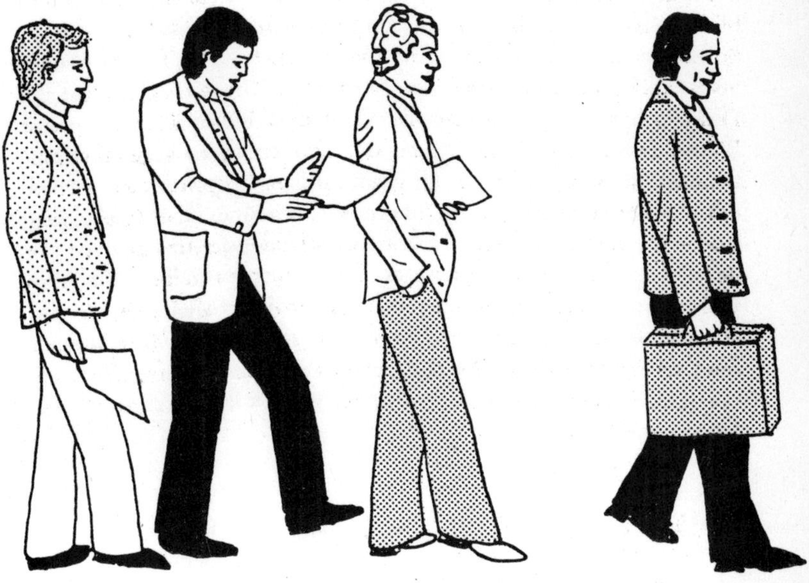

»Gangarten«

Ich habe mir leider nicht gemerkt, wer folgendes nette Geschichtchen erfand: Ein gehobener Büroangestellter, schon im würdigen Alter, läuft auf seinem Weg zur Arbeit über die bekannten Pflasterplatten. Wie in Kindheitstagen bemüht er sich, nicht auf die Ritzen zu treten. Er ist so vertieft, daß er plötzlich durch einen Bauch am Fortschritt gehindert ist. Aufblickend erkennt er seinen Chef, erschrickt und erwartet einen Rüffel. Der Chef aber sagt nur: »Sie Stümper, bei den letzten 20 Schritten sind Sie dreimal auf die Ritze getreten!«

Gesenkter Kopf und Blick auf dem Boden ist nicht nur Plattentritt-Sportlern vorbehalten. Wer nachdenkt, geht oft so und hält dabei die Hände auf dem Rücken. Er sucht gewissermaßen, so als ob er die Lösung des zu bedenkenden Problems vom Boden auflesen könnte. Ganz amüsant zu bemerken, daß Grübelnde, die am Schreibtisch sitzen, häufig kleine Gegenstände aufheben und sie sofort wieder hinlegen. Man möchte vermuten, sie bedenken eine Problemlösung, die für sie der aufgehobene Gegenstand symbolisiert. Sie verwerfen die Lösung dann wieder und verdeutlichen das durch Absetzen des aufgenommenen Dinges.

Übrigens sollte man nachdenkend Wandelnde nicht ansprechen. Man stört ihre Gedankengänge und verärgert sie damit. Warten Sie ab, bis äußere Zeichen das Ende oder die Unterbrechung des Nachdenkens aufzeigen: Der Kopf geht wieder hoch, der Wandelgang wird beendet, der verlorene Blick sucht wieder etwas zu ergreifen. Aber bitte nicht zu voreilig. Wer innerhalb eines Denkens kurz unvermittelt anhält, den Kopf in den Nacken wirft, den Blick aufrichtend plötzlich in die Höhe guckt, muß seine Überlegungen noch nicht abgeschlossen haben. Manchmal sagen diese Zeichen lediglich aus, daß der Denker eine Lösung abwägt. Merkt er dann, daß sie nicht brauchbar ist, so nimmt er garantiert seine Wanderung wieder auf. Der Blick geht herunter und sucht weiter am Boden herum.

Wie oft haben Sie schon über eine weniger gute Sendung im Fernsehen geschimpft? Sie durften dennoch den Kasten nicht ausschalten, weil andere Familienmitglieder die Sendung unbedingt sehen wollten. Gleiches gilt auch für Filme und für Theateraufführungen, die Sie nicht verlassen, weil Sie schließlich bezahlt haben. Sollten Sie wieder in derartige Situationen kommen, dann nützen Sie die (sonst vertane) Zeit mit Beobachtungsstudien.

Soll z. B. ein Schauspieler Selbstzufriedenheit, Eitelkeit und Überheblichkeit im Gang ausdrücken, so wird er die Beine steif bewegen, er wird die Bewegungen zirkulieren und die Arme übertrieben führen. Im Leben ist das nicht anders. Auch dort finden Sie die gleichen Gang(sc)haltungen für Arroganz und übertriebenen Geltungsdrang.

Haben Sie schon beobachtet, wie leichtfüßig spielende Kinder oder Verliebte dahergehen, man möchte sagen: springen? Leichtigkeit im Gang weist auf ein fröhliches Herz hin. Und dann die anderen, sie kommen mißmutig schlürfend dahergelatscht. Kinder auf dem Spielplatz braucht man nicht zu sagen, was oft Kinder, die Eltern auf dem Spaziergang begleiten, zu hören bekommen: »Nimm die Füße hoch, schlurf nicht!« Füße, die sich nicht vom Boden lösen wollen, der Schuhsohlen verschleißende Schritt, zeigen Mißbehagen, bedrückte Stimmung. Oft wird der Eindruck durch Hände in den Hosentaschen verstärkt. Die Hände in den Taschen, ein Zeichen für nicht wollen, demonstrierte Inaktivität. Wer aktiv ist, braucht seine Hände anderweitig.

Was sagt ein schneller Gang? Wenn nicht aus momentaner Eile entspringend, sondern habituell, kündigt er an, daß hier jemand ganz genau weiß was er will. Er bemüht sich, sein Wollen schnell zu realisieren. Schnell an einen anderen herantreten oder in ein Zimmer kommen, dann die Arme verschränken und dem Blickkontakt ausweichen, signalisiert reservierte Haltung, Verkrampfung. Jemand möchte zwar eine Sache schnell hinter sich bringen, fühlt sich dabei aber ausgesprochen unbehaglich.

Sitzen im allgemeinen

»Uff« – sagte der gesetzte Herr, der noch gar nicht saß, sondern sich gerade in den Sessel fallen ließ. Dann streckte er die Füße von sich, lehnte sich bequem zurück und ließ die Arme über die Sessellehnen hängen. Wer so sitzt, möchte die Sitzhaltung zur Erholung vom Stehen, Laufen oder sonstigem Tun nützen.

Es sieht hernach so aus, als ob er schwer im Sessel ruhe. Ist er zu Hause oder fühlt sich doch so, legt er möglicherweise noch die Füße auf den Tisch. Das sieht nicht schmuck aus, aber tut außerordentlich wohl.

Dann gibt es eine völlig andere Art des Sitzens. Am liebsten würde ich es als ein Zwischending zwischen Sitzen und Stehen nennen: jederzeit bereit, schnell wieder aufzustehen, sozusagen zu flüchten. Bei diesem Sitzenden sind die Muskeln nicht entspannt, vielmehr verkrampft. Sehen Sie jemanden so da sitzen, dann dürfen Sie auf inneres Mißbehagen und vielleicht aber auch auf Angriffslust schließen. Schauen Sie doch mal genauer auf Sitzhaltungen. Wenn da jemand die Beine auseinandernimmt, sich vornüber beugt, die Unterarme auf die Oberschenkel oder Knie stützt und die Hände schlaff hängen läßt, dann ist er sehr von sich überzeugt. Vielleicht ist es ein Vertreter, der sich anschickt, Ihnen etwas zu verkaufen. Für den Verkauf von Gedanken gilt das gleiche.

Und Sie – wie sitzen Sie in der gleichen Situation da? Vielleicht als Kunde der gar nichts haben will und nun nicht weiß, wie das Gegenüber am besten loszuwerden, ohne unhöflich zu sein?

Wahrscheinlich so: Die Füße dicht beieinander. Sie reiben sich die Hände mit einigem Druck oder haben die Arme vor der Brust verschränkt. Sie drücken Nervosität aus.

Sitzen sich zwei gegenüber und beugen sich die Oberkörper zu, stützen Ellbogen oder Hände auf die Schenkel: Seien Sie sicher, die sind sich einig!

Je unbehaglicher, je ungeduldiger, desto mehr rutschen Sitzende auf die Stuhlkante zu. Nur wer aufgibt, lehnt sich auch bei dieser Verfassung zurück und verschränkt die Arme (versteckt die Hände). Auch beim Sitz sprechen Hände Bände. Liegen sie z. B. auf dem Tisch und beugt sich der Sitzende vor, so drückt sich darin Erwartung, wenn nicht gar Ungeduld aus.

Wer mit beiden Füßen fest auf dem Boden steht, so heißt es, sei Realist, praktischdenkend. Das gilt auch für Sitzende. Füße, die sich um Stuhlbeine ranken, verraten die Suche nach Halt. Füße, die nach anfänglich anderer Position auf den Ausgang zuweisen, drücken den Wunsch zum Aufbruch aus. Auch wenn jemand mit Worten das Gegenteil beteuert. Der Wunsch, davonzugehen, wird verstärkt betont, wenn der Beobachtete zugleich auf dem Stuhl hin und herrückt bzw. sich immer weiter der Stuhlkante nähert.

Rücken – Schulter – Arme – Hände

Ob Stehen, Sitzen oder Laufen, mancherlei gilt für die verschiedenen Haltungen. Es sollte immer mit in die Beobachtungen einbezogen sein.

Von aufrechter Haltung und Menschen, die den Dingen gerade ins Gesicht sehen, redet gern der schon mehrfach zitierte Volksmund. Er sagt auch etwas aus über Lasten, die den Menschen beugen, spricht von Menschen ohne Rückgrat, gedrückter Stimmung. Es gibt an Rumpf und Rückgrat allerlei zu sehen. Katzen machen einen Buckel, wenn sie Angst haben. Auch Menschen ziehen in Angstzuständen die Schultern hoch. Sie senken den Schultergürtel, wenn sie sich frei und selbstsicher fühlen.

Wechselnde Heb- und Senkbewegungen in kurzer Zeit deuten Unsicherheit an (Schulterzucken). Steigert sich Angst zu Schrecken, so gehen die Schultern nicht nur hoch (eingezogener Kopf), sondern werden zusätzlich vorgepreßt. Der Mensch zieht sich zusammen. Fühlt einer sich kräftig und überlegen, so drückt er die Schultern zurück, die Brust tritt hervor. Na, wer läuft denn so und tut, als ob er es vor lauter Kraft nicht könne? Sie wissen es schon.

Vor Verallgemeinerungen soll man sich hüten, denn nur wenn viele Zeichen Gleiches sagen, hat der Selbstbewußte immer den geraden Rücken und fehlt dem, mit dem Rücken krummen die Persönlichkeit. Immerhin sind Zeichen erste Hinweise; wer sie antrifft, wird aufmerksamer, achtet auf weitere Äußerungen. Die aufrechte Haltung und gestraffte Schultern sind noch kein schlüssiger Beweis für Selbstvertrauen, aber ein deutlicher Hinweis. Die Psychologen sehen in zurückgezogenen Schultern Mut und Unternehmungsgeist, doch kann diese Haltung auch unterdrückten Ärger ausdrücken.

Kleiner Versuch:

Stützen Sie die Hände in die Hüften und fühlen Sie in sich nach, was Sie dabei empfinden. Sollte es nicht so etwas wie Ungeduld sein? Wer nicht abwarten kann, etwas zu erreichen, stützt mitunter die Hände in die Seiten. Liegen hingegen die Hände locker vor dem Bauch und die Arme sind dabei angewinkelt, so ist jemand bereit, die »Dinge selbst in die Hand zu nehmen«. Auf der Brust gekreuzte Hände deuten Fesselung an: Jemand sieht davon ab, selbst zu handeln. Ballen sich aber dann Fäuste und sinken die Arme herab, so vollzieht sich der Wechsel von Passivität zur Aktionsbereitschaft. Sich öffnende Hände, gewissermaßen in Griffbereitschaft, deuten an, daß etwas ergriffen werden soll. Gibt es dazu keine Gelegenheit, so sucht die griffbereite Hand nach einem Halt. Sie findet ihn mitunter am Rockaufschlag, an einem Knopf, am anderen Unterarm oder einem Gegenstand in der Nähe. Man faßt sich oder etwas an und wird wieder »gefaßter«.

Von den Hüften bis zu den Zehen

Rutschen die Hände von der Hüfte ein klein wenig abwärts und stützen sich fest auf den Beckenknochen, besonders wenn dabei die Beine gegrätscht werden, dann zeigt ein Mensch, daß er in sich den Halt gefunden hat. Da aber die ganze Haltung etwas nach Pose ausschaut, ist genau auf alle begleitenden Zeichen zu achten, besonders der betont zurückgeworfene Kopf straft die Pose lügen.

Bauchtänzerinnen und manche Psychologen sind sich darin einig, daß Hüftbewegungen Sexualität signalisieren. Da Bauchtänzerinnen meist gut bewacht sind, können sie sich solche Signale erlauben. Sie brauchen nicht zu halten, was sie bauchwackelnd versprechen. Was in unseren Breiten von Hüftschwüngen gehalten wird (zumal sie die etwas tiefer rückärts sitzenden starken Muskelpartien mit ins Schwingen bringen), erfahren Sie leicht. Hören Sie Männern zu, wenn sie sich nachschauend über weibliche Personen unterhalten, welche sich derart fortbewegen.

Es sieht bei den erwähnten Feminina so aus, als wollten die Hüften aus ihren Gelenken rutschen. Schlagen Frauen beim Sitzen die Beine übereinander, so verschließen sie sich gewissermaßen. Sie sind nicht interessiert. Besonders wenn mit leichtem Abdrehen des ganzen Körpers verbunden, ist diese Haltung ein Antisex-Signal. Überhaupt versucht mancher Mensch, durch das Übereinschlagen der Beine innere Festigkeit zu demonstrieren. Mitunter gerade dann, wenn diese nicht vorhanden ist. Sie können in dieser Beobachtung sicher gehen, wenn zugleich die Arme verschränkt werden. Vertreter berichten, daß Kunden, die ihre Beine übereinanderlegen, die Arme vor der Brust kreuzen und sich dann im Stuhl zurücklegen, sehr harte Verhandlungspartner sind. Wenn Sie solche Gestik beobachten, seien Sie auf der Hut, Sie könnten es mit einem Gegner zu tun haben. Sitzt jemand zunächst locker vor Ihnen und schlägt dann plötzlich die Beine über, so kann das heißen, daß er nunmehr bereit ist, eine Auseinandersetzung auf sich zu nehmen.

Schauen Sie Ihrem Gesprächspartner auch noch auf die Füße. Solange diese noch auf Sie gerichtet sind, ist noch nichts verloren. Richten sich die Spitzen auf den Ausgang, dann brechen Sie das Gespräch bald ab. Übrigens: Wippende Füße sind meist ein Zeichen der Ungeduld.

3. KAPITEL

Ja, grüß dich Gott . . . ! Das Begrüßungszeremoniell

Sich dem anderen nähern

Vielleicht ist es heute nicht mehr so leicht, anderen aus dem Wege zu gehen, als zu Zeiten, (im Verhältnis zu ihrer Bewohnerzahl) da die Welt leer war. Wir sind uns nahe gerückt, oft zu nahe, ohne bessere Kontakte zu gewinnen. Auf jeden Fall muß man heute, wie eh und je, sich dem Menschen bewußt nähern, wenn Kontakt erwünscht wird. Den ersten Kontakt stellt dann die Begrüßung her. Das Problem, sich aus dem Weg zu gehen oder mit den anderen zusammenzuleben, ist gewiß so alt wie die Geschichte des Lebens. Die dritte Möglichkeit ist im Tierleben noch gang und gäbe und soll bei einigen Naturvölkern auch noch existieren: Man frißt einander auf.

Kommt einer daher, von dessen Absichten man nichts weiß, so ist es auch heute gut zu verschwinden, früher mußte man auf jeden Fall ausrücken oder, auf die eigene Stärke vertrauend, angreifen. Sollte beides nicht geschehen, so galt es, die friedliche Absicht bekanntzumachen. Daraus entstanden Grußgesten. Der Gazelle, auf die ein Raubtier mit Gebrüll zustürmt, braucht niemand dessen Absichten zu erklären. Tempo des Auf-uns-Zutretens und Lautstärke in der Begrüßung können auch in der menschlichen Kommunikation als Überrumpelungsversuch gewertet werden. Die andere Möglichkeit, Beute zu machen, ist die des Anschleichens. Auch hierzu finden Sie Pendants im zwischenmenschlichen Grußverhalten. Die Art der Näherung gehört zum Gruß und läßt sich deuten. Der Wohlgesinnte tritt ruhigen Schrittes auf Sie zu und spricht mit mittlerer Lautstärke. Nähert sich Ihnen jemand mit Händen, die hinter dem Rücken oder in den Taschen versteckt sind, so kann das Gleichgültigkeit oder Schuldbewußtsein bedeuten. In beiden Fällen sucht er die Hände, als wertvollste Werkzeuge, schützend zu verbergen. Wer hingegen mit weit vorgestreckter Hand auf Sie zutritt, hat sicher keine Angst vor Ihnen. Im Gegenteil, er fühlt sich sehr sicher und überlegen. Ängstliche Menschen warten darauf, daß der andere sie durch ein Zeichen auffordert, die Begrüßung vorzunehmen.

Nicht jeden Menschen, den man trifft, will, kann oder muß man begrüßen. Es gilt zwar als unhöflich, einen Fahrstuhl ohne Gruß zu betreten, doch bereits im Warenhauslift tritt diese Anstandsregel außer Kraft. In öffentlichen Verkehrsmitteln oder im Gedränge von Großveranstaltungen wendet man den Blick ab oder schlägt ihn nieder. Das ist dann schon eine Art von Entschuldigungszeremoniell. Man kann nicht umhin, in die Nähe des anderen zu treten, will ihn nicht begrüßen, und entschuldigt sich gewissermaßen für seine Anwesenheit. Geradezu als unhöflich gilt es hingegen, Fremde in der Öffentlichkeit oder bei zu engem Beieinandersein anzusprechen.

Es gibt Grenzfälle, z. B. in Wartezimmern. Auch hier heißt es, sich nicht aufdrängen, doch auf das Mienenspiel achten. Läßt es deutlich Verschlossenheit erkennen, dann gehört es sich nicht, ein Gespräch zu beginnen. Manch einer weiß geschickt einen Satz zu sich selbst zu sprechen und wartet die Situation ab. Gerade in Wartezimmern ist menschliches Fehlverhalten gut zu beobachten. Da möchte jemand mit seinen Gedanken allein sein. Man sieht es an seiner verschlossenen Haltung. Den Kopf etwas gebeugt, den Blick nach unten oder innen gerichtet, die Hände sind auf dem Schoß übereinandergelegt. Außerdem hat er einen Platz gewählt, der etwas abseits steht, oder, wenn das nicht ging, zumindest einen Eckplatz. Ein anderer rückt ihm, alle Zeichen mißachtend, auf die Pelle. Er schiebt sich auf dem Stuhl oder mitsamt dem Stuhl näher, schaut ihn auffordernd an und platzt schließlich mit einer albernen, neugierigen oder total überflüssigen Frage heraus: »Warten Sie auch auf Ihren Bewilligungsbescheid?« Abstand heißt seit Urzeiten soviel wie Sicherheitszone. Wer näher kommt verringert den Abstand und dringt in die Zone des anderen ein.

Ein deutliches Distanzzeichen ist es meistens, wenn jemand die Kleidung streng, fast überkorrekt, zugeknöpft hat. Er ist möglicherweise in seinem ganzen Wesen zugeknöpft. Meist verschränkt er die Arme in Schutzhaltung. Gibt er nun diese Haltung auf, öffnet die Jacke oder auch nur den obersten Hemdenknopf, so kann das heißen, daß er sich nunmehr auch einem Kontakt öffnet.

Anschauen und Nichtanschauen

Zu langes Anschauen wirkt beleidigend, bedrohend, aufdringlich, unhöflich oder geringschätzig. Schaut Sie jemand zu lange an, werden Sie sicherlich auch verlegen oder ärgerlich. Das gilt überdies auch für das Gespräch. Wer sein Gegenüber beim Sprechen zu lange betrachtet, taxiert ihn vielleicht als Gegner ein oder aber (ganz im Gegenteil) hat ein persönliches Interesse. Liebende können die Blicke nicht voneinander lassen – aber auch Gegner verlieren sich nicht aus den Augen. Mit der Zeitdauer, an der bei Verhandlungspartnern das Einander-anschauen zunimmt, bauen sich mehr und mehr feindselige Gefühle auf. Es ist ohnehin schlecht, dem Gegenüber in die Augen zu starren. Viel besser, Sie fixieren einen Punkt, der etwas oberhalb des auslaufenden Nasenbeines zwischen den Augenbrauen liegt. Dann hat der Angesehene zwar das Gefühl angesehen zu werden (»angesehen zu sein«), aber nicht die Empfindung, daß man ihn anstarrt. Mit dem Augenkontakt gibt es ohnehin so manches Problem. Schaut uns unser Gesprächspartner gar nicht an, so halten wir ihn vielleicht für falsch, obwohl er nur schüchtern ist. Gerade schüchterne Menschen sind mitunter außerordentlich zuverlässig. Menschen mit niedergeschlagenem Blick können durchaus glaubwürdig und zuverlässig sein. Ganz anders jene, die bewußt zur Seite schauen. Achten Sie darauf, ob jene nicht etwa etwas zu verbergen haben.

Gerader Blick mit groß geöffneten Augen birgt meist einen Vorwurf. Man sagt mit ihm: Ich habe die Augen offen und durchschaue dich. Es heißt auch, daß weit geöffnete Augen ein Kennzeichen geistiger Leistungen sind weil geistige Leistung die echte und im übertragenen Sinne gute Beobachtung verlangt.

Augen haben die Künstler schon immer fasziniert. In Gemälden werden Augen meist ein wenig überbetont – na, und welcher Dichter hätte nicht die schönen Augen der Frauen besungen. Augen, mit in die Ferne gerichtetem Blick, scheinen durch Nahegelegenes hindurchzugehen. Wer an Probleme denkt, die auf anderer Ebene liegen als das gegenwärtige Gespräch, verrät sich durch diesen Blick, der auch Mißachtung ausdrücken kann. Man gibt gewissermaßen kund, daß man weiterliegende, wichtigere Dinge im Sinn habe.

Es sollte Schulen des Augenkontaktes geben. Einerseits darf man niemanden zu lange anschauen, aber was empfindet der andere als »zu lange«? Das kann recht unterschiedlich sein. Andererseits gilt es Augenkontakt zu pflegen. Schauen Sie jemanden zu intensiv oder lange an, so degradieren Sie ihn zum Beobachtungsobjekt. Schauen Sie ihn zu kurze Zeit an, so drücken Sie Mißachtung aus. Begegnen Sie Fremden auf der Straße, so sollten Sie bei Entfernungen unter 3 m von ihm fortblicken. Ja, ja – der Kinesiker hat es schwer mit den Augen: Während in manchen Gegenden als Schuldbekenntnis gewertet wird, wenn die Augen zu Boden gerichtet sind, gilt es anderenorts als unhöflich, eine Autoritätsperson anzuschauen.

Und noch eine lustige, doch bemerkenswerte, Feststellung: Leute, die selbst lieber reden als auf das zu hören, was andere ihnen zu sagen haben, pflegen viel weniger Augenkontakt zu halten, als jene, die selbst wenig reden und lieber zuhören.

Der Blick sagt es

Bleiben wir noch ein wenig bei den Augen. Wenn es richtig ist, daß das Augentier Mensch mehr als 90% seiner Informationen mit dem Gesichtssinn wahrnimmt, dann kommt auch den Augen und deren Blicken große Bedeutung zu.

Wir erwähnten schon früher die Aussagen, die die Umgangssprache den Blicken der Augen unterlegt. Mit einem kleinen Experiment können Sie sich davon überzeugen, daß die Augen ganz allein keine Gefühle ausdrücken. Decken Sie ein Gesicht mit Tüchern oder dergleichen soweit ab, daß nur noch die Augen herausschauen und fordern Sie den so Vermummten auf, zornige, liebevolle, traurige oder fröhliche Augen zu machen. Sie werden keinen Unterschied feststellen. Erst das ganze Gesicht, Lider, Brauen, Nase, Mundpartie und Stirn bringt die Aussage. Es ist also nicht ganz richtig, wenn man von heißen oder eiskalten Blicken spricht.

Hingegen können Sie gut mit einem Menschen zusammenarbeiten, wenn er die Augen leicht zwinkernd geschlossen hält und sich ein Lächeln in den Mundwinkeln andeutet. Sie sehen es schon bei der Begrüßung. Worauf Sie bei der Begrüßung gleich mitachten sollten: Öffnet sich die Pupille beträchtlich, so ist der andere erfreut. Verengen sich die Pupillen, ist das Gegenteil der Fall. Unbewußt haben manche Menschen davon Kenntnis, deshalb wenden Sie beim Gruß das Gesicht ab oder die Augen nach unten.

Daß Blicke töten können war oft zu lesen, mir ist jedoch kein Fall bekannt, daß jemand beim Augenkontakt tot umfiel. Aber denkbar ist, daß durch starr gerichteten Blick mit unbeweglichen Lidmuskeln, gerunzelter Stirn und zusammengezogenem Mund ihnen einer deutlich machen will, daß er sie am liebsten umbrächte.

Ganz ähnlich unfreundlich meint es jemand mit Ihnen, wenn er bei geöffneten Augen zwischen den Zähnen spricht, also den Unterkiefer nahezu ruhig hält.

Recht aussagekräftig sind Blickdauer und Blickrichtung. Die Dauer vor allem in Bezug auf Sympathie oder Desinteresse. Der gerade gerichtete Blick weist auf Interesse an dem, was er betrachtet. Weit weniger interessiert (wenn nicht nur zu faul, den Kopf zu drehen) ist, wer mit schiefem oder schrägem Blick auf die Dinge schaut. Deckt ein Schauender seinen Blick weitgehend durch zusammengekniffene Lider ab, so möchte er zwar selbst genau beobachten, sich aber von anderen nichts von den Augen ablesen lassen. Ganz ähnliches beabsichtigen Seitenblicke: viel sehen, ohne dabei erwischt zu werden.

Ein Seitenblick wird deshalb auch verstohlener Blick genannt. Da möchte einer »Informationen stehlen«. Sind Sie schon mal von oben bis unten betrachtet worden, na dann wissen Sie ja ... Oder haben Sie sich dadurch etwas bis in die letzte Einzelheit einprägen wollen, daß Sie es mit geradem Blick und vertikalen Kopfbewegungen sorgfältig abtasteten? So schaut man eine Ware an. Tun Sie es nicht bei Menschen, denn es ist eine Beleidigung, es sei denn, daß Sie durch ein Lächeln kundtun, wie wundervoll Sie den Anblick empfinden.

Achten Sie auf Menschen, die dem Augenkontakt nicht standhalten, es könnte sein, daß sie sich in irgendeiner Weise schuldig fühlen.

Beide Hände reich' ich Dir

Ist er Ihnen schon begegnet, der Mann, der mit beiden Händen, weit ausgestreckt, auf Sie zur Begrüßung zukommt? Dann seien Sie auf der Hut, schauen Sie erst nochmal genau hin. Hält er die Handflächen nach oben? Der will bestimmt, daß Sie ihm etwas auf diese offenen Hände legen. Auch wer mit nur einer nach oben offenen Hand auf Sie zukommt heischt nach Belohnung. Offene Hände sind Bittgesten. Wer bittet wird auch bald verlangen, wer verlangt bald fordern und wer fordert, sich's mit Gewalt nehmen. Sich etwas nehmen wollen auch jene, die die Handrücken nach oben richten. Beide Hände wie ein Dach vorgestreckt: die Geste sagt, hier will einer Besitz ergreifen. Und wieder gilt für die einzelne Hand ähnliches. Ganz deutlich wird es, wenn jemand beim Gruß Ihre Hand ergreift und dann die Linke über die beiden sich begrüßenden Hände legt. Sich ihnen ebenbürtig bzw. Sie als Partner voll akzeptieren wird nur der, der Ihnen die Hand mit der Kante nach unten reicht.

Ursprünglich bedeutete die erhobene oder vorgestreckte Hand den Hinweis darauf, daß man keine Waffe verbarg. »Sieh her, ich bin kein böser Feind!« – das etwa sagt die Handgeste. Beobachten Sie kleine Kinder, wenn sie der guten Tante das Händchen (selbstverständlich das »schöne«) geben sollen. Wie oft wandert die Hand spontan auf den Rücken. Eine typische Schutzgeste. Man muß die wertvollen Hände in Sicherheit bringen.

Im tatsächlichen oder nur angedeuteten Zurückziehen der Hände bringt auch mancher Erwachsene zum Ausdruck, daß er sich fürchtet oder von Ihnen nichts Gutes erwartet.

Wer zu spontan und scheinbar herzlich beim Gruß des anderen Hand ergreift, drückt damit fast immer ein Besitzverlangen aus. Es kann der Besitz an materiellem Gut sein, welches er vom Grußpartner erhofft oder der ganze Partner selbst. Auch die etwas zu

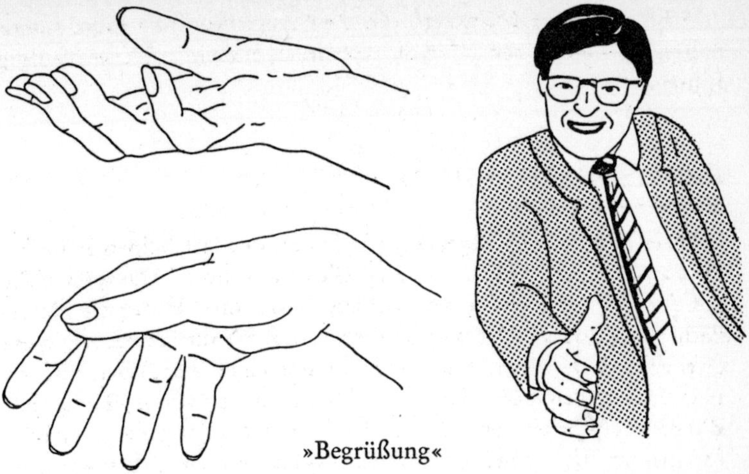

»Begrüßung«

lange festgehaltene Hand deutet auf ähnliche Wünsche, hier kann es aber auch sein, daß der lange Händedruck Mitgefühl äußert. Händeschütteln gilt als unfein. Bei einem wirklich guten Kumpel mag es ankommen, in allen anderen Fällen wirkt es aufdringlich, oft sogar als unaufrichtig. Noch weniger zu empfehlen ist ein gleichzeitiges Schulterklopfen. Das ist eine nur allzudeutliche Schlaggeste, mit der der Schlagende vor allem seine körperliche Überlegenheit ausdrücken will. Findet Sie zwischen »Gleichstarken« statt, dann heißt es soviel wie: Ich bin Dir zwar wohlgesonnen, aber es ist auch gut, mich nicht zum Feinde zu haben und wenn Du anderer Meinung bist, so wollen wir mal die Kräfte messen.

Manchmal habe ich den Verdacht, daß Händeschütteln und Schulterklopfen noch einen ganz anderen Zweck haben. Nämlich den Zweck, eventuell versteckte Waffen herauszuschütteln. Übersehen wir aber auch hier nicht, daß es bei allen Gesten Unterschiede gibt, die z. T. von der Mentalität abhängen. Das Händeschütteln eines schlichten Menschen, der damit absichtlich Sympathie ausdrücken will, ist mir sympathischer als ein blasiertes Berühren mit den Fingerspitzen.

Wenn uns manche Menschen die Hand geben, dann meinen wir, sie würden uns einen Frosch hineinlegen. Urteilen Sie nicht vorschnell. Nicht immer handelt es sich um Leute, die Sie für gering achten. Manchmal sind es gerade Kraftmenschen, die Sie so sanft berühren, um Ihnen nicht die Finger zu zerquetschen. Achten Sie auf Körperhaltung, Gesichtsausdruck und gesprochene Worte. Weisen Sie allerdings auch negative Züge auf, dann ist wabbeliger Händedruck ein Warnsignal. Wem selbst einmal die Hand beim Gruß fast zerquetscht wurde, der kann auch zu einem zu losen Händedruck neigen. Na und dann die anderen, jene die unsere Hände anscheinend zerbrechen wollen. Man möchte vor jedem Gruß die Ringe entfernen, weil Sie einem ins Fleisch gedrückt werden. Glauben Sie nicht, daß es immer die Tat- und Kraftmenschen sind, die Sie so begrüßen. Gerade der zu harte Händedruck ist vielfach eine Schutzgeste, mit der jemand seine Unsicherheit überspielen will. All das Vorangesagte gilt auch für die besondere Rasse von Grußpartnern, die Ihnen beim Gruß beinahe den ganzen Arm ausreißen. Dann gibt es noch jene, die möchten Ihre Hand überhaupt nicht mehr loslassen. Sie sprechen schon die ersten Sätze der Unterhaltung und haben immer noch ihre Hand im Besitz. Achten Sie darauf, ob da Besitzanspruch an Ihnen oder die Angst vorliegt, daß Sie sich zu schnell entfernen möchten.

Ein feuchter Händedruck wird zumeist negativ bewertet, dabei kann es an einer Krankheit oder Indisposition liegen, wenn ein Mensch feuchte Hände hat, es kann aber auch eine persönliche Eigenart sein. In anderen Fällen sind feuchte Hände ein Zeichen von Nervosität oder gar Angst. Sie wissen es ja unterdessen: Wenn Zweifel bestehen, sich immer alle anderen Symptome betrachten – nicht von einer Geste oder Deutungsmöglichkeit ausgehen, sondern immer die gesamte Persönlichkeit in die Betrachtungen einbeziehen.

Wie aber, wenn uns jemand mit »originellen« Grußgesten kommt?

Also: so originell ist kaum noch etwas! Wenn da z. B. einer die Hand in Gesichtshöhe hebt und uns die Handfläche zuwendet ... das kannten schon die Primitiven. Hitlers Gruß war den Römern entlehnt und die geballte Faust, die zum V gespreizten Finger oder

die über dem Kopf zusammengeklatschten Hände sah man auch schon an verschiedenen Stellen. Wenn also jemand auf diese Weise gewaltsam originell sein will, zeigt er nur, daß es ihm an Originalität fehlt. Im übrigen sind mir Völker durchaus sympathisch, bei denen mit dem Händedruck sparsamer umgegangen wird als bei uns. Schließlich weiß man ja nie so ganz genau, wo unser Grußpartner zuletzt hingefaßt hat.
Und auch das noch nebenbei: Daß die Linke von Herzen kommt (es geht um die Hand und nicht etwa politische Richtungen) halte ich für ein Gerücht. Nach den meisten Beobachtungen anderer Körpersignale gibt Ihnen die Linke nur, wer nicht so »recht(s)« bei der Sache ist, wer Sie der Rechten nicht für Wert hält. Grußgesten sollen einen Kontakt herstellen, wenn sie von vornherein andeuten, daß der Kontakt unerwünscht ist, kann man sich die ganze Grußgeste sparen.

Denken Sie daran, wenn Sie anderen den Gruß entbieten: Wir sollten jedermann als gleichwertig und gleichberechtigt anschauen. Vermeiden Sie alles, was in dem anderen das Gefühl der Unterlegenheit hervorrufen könnte. Wenn Sie mit der Hand begrüßen, dann nicht um zu ergreifen, dann nicht um etwas zu erheischen, sondern um den anzustrebenden Kontakt zu symbolisieren. Dann sollten Sie bereit sein, genau so viel zu geben, wie Sie durch den Kontakt zu erhalten wünschen.

Mit einem kleinen Lächeln

Die Menschen sind lieber froh als traurig! Selbstverständlich? Warum tragen dann so viele eine Leichenbittermiene zur Schau?

Mit Lächeln ist heitere Stimmung verbunden. Es ist nicht nur so, daß wir über Heiteres lachen, wir können vielmehr durch Lachen heiter werden. Haben Sie sich noch nicht von einem »Lachenden Sack« belustigen lassen oder stimmen mit in das Gelächter anderer ein, auch wenn Sie gar nicht wissen, um was es geht? Lächeln bedeutet Freundlichkeit und kann auch wieder Freundlichkeit hervorrufen. Je lockerer, weniger gespannt, ein Lächeln oder Lachen ist, desto echter ist die dahinter stehende Empfindung. Jede Anspannung, wie z. B. ein Herunterziehen der Mundwinkel beim Lachen, wertet die Aussage ab. Sie wissen ja, es gibt ein überhebliches Lächeln, ein heimtückisches, ein hinterlistiges und ein dümmliches. Lächeln Sie kurz bei der Begrüßung, nur kurz, wenn Sie den anderen ansehen, das wirkt sympathisch. Wenn Sie sehen, daß jemand beim Lächeln nur die oberen Zähne entblößt, haben Sie einen Hinweis darauf, daß es gekünstelt ist.

Wenn das Lächeln zum Lachen übergeht, so kann schon die Klangfarbe einiges an Aussagen mitbringen. Das offene freie Lachen, als Zeichen der Freude, der keine Nebenabsichten beigemengt sind, klingt bei den meisten Menschen auf den Laut a (ha-ha-ha) hin. Das Lachen für sich selbst, in sich hinein sozusagen, welches etwas mit Schadenfreude vermischt ist, tönt hingegen zum i-Laut hin. Das hämische Lachen, wenn der andere merken soll, daß man ihn auslacht, tendiert zum e-Laut. Schließlich gibt es noch ein triumphierendes Lachen, welches nach o klingt.

Mancher lächelt sich selbst zu. Dabei läßt er die Lippen geschlossen, lächelt in sich hinein. Es ist ein Zeichen des Stillvergnügtseins, des freundlichen Denkens an andere oder anderes, der Sympathie. Wird solch ein Lächeln zum Schmunzeln, vollzieht sich also unter gewisser Lippenspannung, dann zeugt das meist für das Denken an detaillierte Situationen oder Erwartungen. Irgendwo gibt es eine Grenze, an der positives Schmunzeln in negatives Feixen übergeht. Es wirkt nicht mehr locker, sondern gespannt, tendiert fast zur Grimasse und zeigt, daß die Vorstellungen nicht mehr lauter sind.

Lächeln kann also sowohl alleiniger Ausdruck der guten Laune und der Freude an der Umwelt sein, es kann jedoch die Tendenz der Gedanken verraten.

Durchaus nicht zu empfehlen ist das Standfotolächeln. Sie erreichen es bekanntlich durch Aussprechen des Wortes »cheese«. Es wirkt meistens sehr maskenhaft. Wer es nicht glaubt, kann sich durch einen Blick auf die Fotomodelle, die in Versandhauskatalogen die Seiten füllen, leicht überzeugen.

Wir finden hier, wie bei jeder anderen Ausdrucksform, daß die

Natürlichkeit zu bevorzugen ist. Jede einstudierte Verhaltensäußerung wird für den guten Beobachter als Kunstform erkennbar. Wenn aber für ein Zeichen der Körpersprache besonders, dann gilt es für das Lächeln: Es sollte aus dem Herzen kommen und nicht aus dem Verstande. Am treffensten sagt es die Anfangszeile eines bekannten Liedes: Hab' Sonne im Herzen.

4. KAPITEL

Kleider, die nicht nur kleiden

Kleider enthüllen mehr als sie verhüllen

Steifer hoher Kragen, dunkler Anzug, zugeknöpft bis oben hin... Sehen Sie ihn nicht vor sich, den Beamten alter Tage oder den Herrn im Comptoir? Seine Haare sehen aus, als ob sie einzeln gelegt wären, der Scheitel eine messerscharfe Linie. Man trug auch damals Bart. Die dem alten Kaiser treu waren einen großen Rauschebart, junger Kaiser und Jugend den gezwirbelten und mit Pomade versteiften aufwärtsweisenden Oberlippenbart.

Einstmals ein Vorbild, heute ein Muster ohne großen Wert: Hyperkorrekte Kleider galten als Statussymbol. Nun weiß man allerdings auch nicht so recht, ob verwaschene und aus Flicken zusammengesetzte, echte oder nur aus »Dekoration« gestopfte Nietenhosen (Oh – Pardon, Jeans) das ideale Kleidungsleitbild sind. Wieweit liederliche Frisuren mustergültig sein können, steht auch dahin. In Bezug auf Haare sprechen wir längst nicht mehr von Länge, da der Kurzhaarschnitt sich bereits wieder beträchtlichen Marktanteil gesichert hat.

Wovon wir sprechen ist, daß all diese Äußerlichkeiten sehr viel über Zeitgeist und persönliches Denken aussagen. Es ist recht amüsant, zunächst weltweite Proteste gegen die Diktatur der Mode zu vernehmen und dann zu erleben, wie sich eine Generation unter der Mode nichtssagender, schmutzig-grau-brauner-Töne beugt und sich Schnitte aufzwingen läßt, die für die Figur unvorteilhaft sind. Kleider enthüllen mehr als sie verhüllen. Die hautengen Hosen gab es schon einmal im sogenannten galanten Zeitalter, dessen Dekolletés außerdem die Oben-ohne-Mode vorwegnahmen. Hautenge Kleidung und Entblößung, egal wo sie auftreten, sind immer Zeichen freier sexueller Auffassungen. Vergessen wir darüber nicht die Schutzfunktion der Kleidung. Der Eskimo braucht seinen Pelz dringend und muß, weil er sich bis zur Nasenspitze verhüllt, nicht prüde sein. In Tropenzonen benötigt niemand Wärmeschutzkleidung, dennoch weisen Lendenschürze nicht auf temperamentvolles Liebesleben hin. Mode und Kleidung lassen sich als Blickfang oder Blickabweis betrachten. Alles betont Auffällige sagt von sich aus, daß man hinschauen soll. Je dekorativer, schmuckreicher, prächtiger die Kleidung, desto mehr Beachtung heischt ihr Träger, je mehr verrät er vielleicht zugleich von der eigenen Dürftigkeit. Je betont schlichter und unauffälliger, desto weniger wünscht ein Träger die Blicke auf sich zu ziehen. Und immer wieder scheinbare Widersprüche: Manch Ehrgeiziger kleidet sich betont schlicht – er will, daß seine Absichten nicht so rasch offenkundig werden. Manch Schüchterne kleidet sich bewußt auffällig, um so die empfundene Bedeutungslosigkeit zu überspielen.

Schleier, die man in unseren Landen heute kaum mehr bei trauernden Frauen findet, sollten nicht nur verhüllen. Sie sollen oft gerade neugierig machen, Blicke suchen lassen. Darüber hinaus haben Sie, wie einstmals Fächer, die Funktion, die eigenen Blicke abzuschirmen, zu verbergen, wohin man schaut. Gleichen Absichten werden heute noch dunkle oder stark getönte Brillen gerecht (besonders wenn von denen getragen, die keine Augengläser benötigen). Schattenwerfende Kopfbedeckungen, Hüte mit großen Rändern, lassen von den Augen wenig sehen, gestatten hingegen unauffällig zu beobachten.

Am Anfang war das Hemd. Entweder rundgewebt, gestrickt, gehäkelt, oder aus zwei Rechtecken zusammengenäht. Man stülpte sich, ob Männlein oder Weiblein, dieses, mit Kopf- und Armlöchern versehene, sackähnliche Gebilde einfach über – fertig. Doch schon der Strick, den mancher sich um den Bauch band, wurde alsbald zum modischen Attribut. Ein wenig Farbe, ein paar Verzierungen, eine Spange oder Schnalle und der Gürtel erlaubte, sich von anderen Sackträgern zu distanzieren. Einen großen Teil weiterer Phantasie steckte der Mensch dann in die Faltenwürfe. Ziemlich spät erst entstanden Rock und Mieder, wurden Ärmel eingesetzt. Recht jung sind die Röhren, die den Röcken angepflanzt, diese zu Hosen machten.

Dann fing es erst richtig an. Findige Männer, die früher nicht weniger schmuck-, farben- und wandlungsreiche Kleidung trugen als die Damenwelt, erfanden den Schneiderberuf. Seither kann man jede Stimmung und jedes innere Empfinden genau mit der Kleidung zum Ausdruck bringen. Nach ein paar tausend Jahren der Einfallslosigkeit schlug und schlägt menschliche Phantasie in den Stoffen, mit denen man den Körper behängt, Kapriolen.

„Kleidungsbeispiele
aus alter Zeit«

Zunächst ging es meist darum: Entweder den Körper besonders zu betonen oder zu verhüllen, wenn die Natur es nicht ganz so gut mit ihm gemeint hatte.

Kleider als Masken, Masken als Kleider

Der Mensch ist ein maskentragendes Wesen. Von seiner Unbekanntheit ist manches beseitigt, wenn Masken durchschaut werden. Wir tragen Masken nicht nur zu Karneval oder Kostümfesten. Wir versuchen, uns (nicht nur mit Kleidung) ständig zu maskieren. Dann kommen die bösen Kinesiker und durchschauen das. Nun gibt es ein Hilfsmittel: Kenntnis der Masken und sie so nützen, daß die anderen wieder von uns glauben, was wir wollen, das sie glauben sollen. Wenn, vor allem im Rheinland, die Wogen närrischen Treibens hohe Wellen schlagen und mancher dem durch in diese Zeit gelegten Urlaub in anderen Landen zu entfliehen sucht, hält die Eitelkeit Jahrmarkt. Kaum zu einer anderen Zeit sind Menschen so gut zu durchschauen als zu der, da sie glauben, sich zu verkleiden. Mal abgesehen davon, daß in diesen Tagen verkleiden und entkleiden manchmal eng beieinanderliegen, Verkleidungen sind zumeist Aufdeckungen. Nun beweisen zwar die Cowboy-Kostüme, die jeder zweite trägt, nicht immer, daß man ein Himmelhund auf dem Weg zur Hölle sein möchte. Bei vielen zeigen sie nur Einfallslosigkeit, mangelnde Phantasie oder auch Geldmangel. Nur der Seeräuber läßt sich mit altem Schnupftuch als Kopfbedeckung und Augenklappe aus der Hausapotheke billiger darstellen. Aber schaut sie an, die mit Gablonzdiademen bestückten und in Kilometer Tüll gewickelten Prinzessinnen = Einmal die große Dame sein, der alle Welt zu Füßen liegt. Verrät nicht der pluderhosige, turbanbedrückte Scheich, wie gern er einen Harem hätte? Sagen uns nicht die Supermänner, Batmänner, Tarzans usw. wie gern sie die Kraft ihrer Comic-strip-Helden hätten?

Selbst die reinen Narren, Eulenspiegel, Hanswürste, können nicht auf Farbenpracht, Samt und Bordüren verzichten. Je prächtiger die Narrenkappe, je länger die Fasanenfedern und je respektabler der Karnevalsorden (es soll sie sogar aus reinem Silber geben), um so höhere Ansprüche an gesellschaftliches Ansehen zeigen ihre Träger.

Wenn Menschen sich verkleiden, zeigen sie, was sie sein möchten. Manche meinen, das ganz geschickt zu tun und stapeln ähnlich tief wie die zuvor Erwähnten mit der schlichten Kleidung. Sie maskieren sich als Clochards, tornistertragende Schulkinder oder gar schnullerlutschende Babys. Obwohl auch das schon seit Jahrzehnten nicht originell, versucht man doch, Originalität vorzutäuschen, wenn es nicht die Sehnsucht nach Rückkehr in die Kindheit ausdrückt.

Nun soll das beileibe kein Pamphlet gegen Fasching oder Fröhlichkeit sein. Fröhlichkeit darf und muß sich äußern. Schon Goethe lobte den heitren Mann am meisten unter seinen Gästen, besonders wenn der sich selbst zum besten halten konnte.

Der Mensch versucht auch im Alltag, sich zu maskieren. Die echten Masken hingegen, wie sie im Karneval oder von Schauspielern angelegt werden, dienen unter anderem dazu, sich ausleben, gar austoben, zu können. Hat sich ein Mensch über Jahre hinweg eine Maske erarbeitet, so wirkt sie lähmend und einengend. Wer sich durch Verschlossenheit, die sich in verschlossener Kleidung kundtut, von anderen isoliert, ist damit auch eingesperrt und entbehrt einen Großteil der Freiheit. Umgekehrt: Wer sich lange als freizügig ausgegeben hat, kann nicht umhin, so manches zu gewähren, auch wenn er es später nicht will.

Sprechen wir kurz von den *tatsächlichen* Masken, den Pappmachégebilden, die sich mancher vor das Gesicht hängt. Sie zeigen, daß sich jemand verbergen will, um tun zu können, was er sonst nicht darf, oder wozu er sich nur nicht getraut.

Kostüme legen den Geschmack offen. Wer Kostümrollen bevorzugt, die rein äußerlich nicht viel hergeben, hat vielleicht nur keinen guten Geschmack in punkto Kleidung. Man kann bekanntlich über Geschmack nicht oder ununterbrochen streiten. Sorgfalt mag nicht Ihr Geschmack sein, aber wer auf seine Kostüme Sorgfalt und Akkuratesse verwendet, hat gewiß einen guten Geschmack. Sehen Sie von Einzelerscheinungen ab und achten Sie auf die Masken oder Kostüme der Zeit. In Zeiten der Härte, der Kriege, Revolutionen oder Tendenzen dazu vernachlässigt man das weibliche Element in der Kleidung.

Die Mädchen im Zweiten Weltkrieg trugen Herrenhüte und waren es auch, die die bis dahin für Frauen unmöglichen Männerhosen anzogen. In Zeiten der Weichheit, die bis zur Verweichlichung hingehen kann, wird die weibliche Linie überbetont. Man denke an die betonten Taillen, die weichen Schultern und den typisch weiblichen Pettikoat, die zu einer Zeit Mode waren, als ein deutscher Bundeskanzler glaubte, daß unsere Männer nie wieder Gewehre tragen würden.

Attribute zur Kennzeichnung und Unterscheidung

Mitunter kann jemand, oder glaubt es zumindest, sich nicht den allgemeinen Modevorschriften entziehen. Auch vom Geldmangel, der es verhindert, immer dem dernier cri zu folgen, war schon die Rede. Dann sind es die kleinen Beigaben, das Zubehör, welche uns Aufschluß geben. Ganz typisch dafür sind Kopfbedeckungen. Die Jakobinermütze führt in gerader Linie zur Schiebermütze des (inzwischen nicht mehr existenten) Proletariats. Der chapeau claque galt ebenso als ein Zeichen der Würde (die es auch kaum noch gibt), wie ein knappes Jahrhundert später der Homburger.

Nehmen Sie die Brille. Gelehrte in alter Zeit trugen gar eine mit Fensterglas, weil sie einfach als Zeichen der Gelehrsamkeit galt. Weil es aussieht als ob sie Brillen tragen, kamen die Eulen in den ungerechten Ruf, besonders weise zu sein. Heute verstehen es kluge Frauen, sich durch geschickte Brillenwahl ein besonders apartes Aussehen zu geben. Wer hingegen zu unserer Zeit noch ein Pincenez oder eine entstellende Brille trägt, zeigt zumeist, daß ihm sein Aussehen und der Eindruck, den er auf andere macht, egal sind.

Nicht nur die Brille selbst oder ihre Form sagt etwas. Achten Sie darauf, ob jemand die Brille ohne ersichtlichen Grund des öfteren abnimmt und wieder aufsetzt. Das kann ein Zeichen für Nervosität sein oder deutlich zeigen, daß ihm die Angelegenheit, um die es geht, aus der Kontrolle geriet. Jemand der die Brille abnimmt und hart auf den Tisch legt (gilt auch für andere Gegenstände), setzt damit einen Punkt, sagt sozusagen: Das ist mein fester Standpunkt.

Wir alle brauchen feste Standpunkte, benötigen Selbstsicherheit. Wieweit Selbstsicherheit schon da ist oder noch gesucht wird, zeigen Attribute recht deutlich. Der Forscher und Abenteurer Heinrich Harrer berichtet von seiner Neuguinea-Durchquerung, daß die

Penishüllen, die Eingeborene aus Flaschenkürbissen herstellen, in Größe und Länge im umgekehrten Verhältnis zu den körperlichen Gegebenheiten ihrer Träger stünden. Wir hatten zwar im Mittelalter auch Bekleidungsstücke, die ähnlicher Schaustellung dienten, sind aber unterdessen zu anderen Dekorationen übergegangen. Es gibt wirklich Psychologen, die Zigarrenrauchern Symbolisation unterstellen. Darüber kann man verschiedener Meinung sein. Unzweideutig wird die Sache, wenn Applikationen auf Hosenschlitzen erscheinen oder blitzende Schmuckknöpfe dem Blick eindeutig die Richtung weisen.

Symbol männlicher Stärke sind zweifellos Orden. In verringertem Maße gehören sogar Abzeichen dazu. Wer nicht genug eigene Stärke hat, zeigt mit einem Abzeichen, daß hinter ihm die geballte Kraft der Dingsdapartei steht. Eine Ausnahme bildet das Abzeichen als Erkennungsmerkmal. Meist sind diese Art Abzeichen betont klein gehalten. Sie können, wie bei einer logenähnlichen Verbindung, zu guter Letzt in einem Stecknadelkopf am Revers bestehen.

»Bild zum Thema *Attribute*«

Der allzeit sichtbare Kopf hat den Menschen schon immer Kopfschmerzen gemacht. Cäsar soll sich vom Senat die Erlaubnis erwirkt haben, seine Glatze mit einem Kranz als Dauerschmuck zu vertuschen und daraus, berichtet die Fama, sei das Tragen von Kronen entstanden. Da ging jemand die Phantasie leicht durch, denn schon die alten biblischen Könige trugen Kronen. Diademe und ähnlicher Putz waren bereits in Urzeiten Zeichen der Herrscherwürde. Wahrscheinlich ging es ursprünglich darum, die Träger größer, sichtbarer, erhobener, erhabener, zu machen. Das Scherzwort: So klein mit Hut, zeigt heute noch, daß jemand sich selbst durch den Hut nicht sonderlich größer machen konnte.

Wie sehr Kopfbedeckungen Würde repräsentieren sollen, zeigt auch der berüchtigte Geßlerhut »auf der Stange«. Man sagt auch, daß einer Angst habe, ihm könnte ein Zacken aus der Krone fallen, weil die Zahl der Zacken den Rang ausdrückte. Der Graf durfte 9, der Freiherr 7, der unbetitelte Edelmann nur 5 Zacken in der Krone haben.

Nebenbei bemerkt: Die »Zacken« sind die Reste der ehemals aus Kronen oben herausragenden Blätter, die andeuten sollten, daß die Krone ursprünglich ein Kranz (Corona) war. Der natürliche Kopfschmuck Haare wurde von Hochgestellten gern hochgestellt. Menge und Länge der Haare galt schon zu Samsons Zeiten als Zeichen der Kraft. Na, nun wissen Sie, weshalb mancher seine Haare nur so sprießen läßt, wo immer sie sich zeigen. Wenn es die eigenen nicht tun wollen, dann tun es Perücken. Das gilt aber nun wieder nur für Männer, die nicht nur beim Sonnenkönig Allongeperücken (also »Verlängerungshaare«) trugen. Der falsche Zopf, der schon beim alten Fritzen fiel, hat ebenfalls längst fröhliche Urstände gefeiert. Unsere Damenwelt hat es jedoch verstanden, aus der Zweitfrisur einen Schmuck zu formen, der nicht Stärke, sondern weibliche Schönheit zeigen soll. Füllige Haartrachten lassen ein Gesicht feiner und zierlicher erscheinen, machen die Frau fraulicher. Mädchen, die das nun nicht wollen (fraulich erscheinen), andererseits aber eitel genug sind, viel Schmuck zu tragen, lassen die Haare eng am Kopf liegen (das gibt dann die Strenge), aber weit, weit herabfallen (das bringt den Schmuck).

Vor einigen Jahren errechneten Forscher, um wieviel die Menschen in den letzten Jahrzehnten größer geworden sind. Aber das sieht auch jeder Laie: Es gibt mehr lange Kerls als zur Zeit, da der

Preußenkönig sie dringend suchte. Oder ist da inzwischen, zumindest bei den Mädchen, eine gegenläufige Entwicklung im Gang? Wie erklärt sich sonst die Mode der überhöhten Schuhabsätze, die doch bewirkt, daß Kleine größer erscheinen. Was man am Kopf nicht verlängern kann, wie gesagt, um nicht als Mädchen zu fraulich zu wirken, das pappt man auf Sohlen und Absätze.

Irgendwie läßt es sich immer arrangieren, daß man hervorragt. Papuas und andere Wilde, die es auch mitten unter denen gibt, die sich Zivilisierte nennen, pudelten ihre Frisuren gewaltig auf, wenn sie in den Kampf zogen und anderen Furcht einjagen wollten. Dafür gibt es unterdessen einen neudeutschen Namen: »Afro-Look«. Na, nun wissen Sie – siehe weiter oben – weshalb mancher seine Haare so sprießen läßt.

Indianer trugen Federn – es verwundert, daß sie noch nicht zum Modeschmuck unserer Zeit wurden. Aber wir haben ja genug andere Attribute. Zum Beispiel die auch bei Winterkälte offen getragene Hemdenbrust. Zeigt sie nicht, welche Härte unsere Mannen wieder erreichten? Der Gröfaz (größter Feldherr aller Zeiten) hätte seine Freude.

Geschorene Haare waren einst ein Zeichen der Unterwerfung. Sklaven und Kriegsgefangene schor man nicht nur, um Läusen die Heimstatt zu nehmen. Mönche, die sich freiwillig dem Höchsten unterwarfen, schoren sich das Haupt oder doch wenigstens einen Teil davon (den man dann wieder schamhaft unter einer Kalotte versteckt). Die geistliche Tracht zeigt des öfteren solche Widersprüche. Z. B. gibt es Nonnentrachten, die in Zeiten entstanden, als sich das Dekolleté großer Beliebtheit erfreute. Ergo setzte man der Tracht ein Stück gestärkten Leinens ein, welches zwar züchtig die Brust verdeckte, doch eindeutig den Ausschnitt symbolisierte. Zurück zur Glatze. Die größte Erniedrigung für Frauen bestand darin, ihnen den Kopf zu scheren, wenn sie mit denen Umgang pflegten, die gerade als Feinde galten. Wer heute bewußt die Haare schert zeigt deshalb mehr Mut und Selbstüberwindung als der, der sie sprießen läßt. Jedoch, es wäre übertrieben, die geringe Zahl der Kahlköpfigen in Relation zu der geringen Zahl der wirklich Mutigen zu setzen.

Wer Trauer trägt, sich selbst erniedrigt, auf Bußgang ist oder von Schicksal gedrückt wird, geht in Sack und Asche. Das nehmen wir nicht mehr so wörtlich, wie es ursprünglich zu verstehen war. Aber so gilt es noch: Bei negativen Stimmungen werden Formen nicht mehr betont und verliert die Kleidung ihre Farbe. Im Mittelalter gab es Kleiderordnungen, die die häßlichen Graubrauntöne denen vorschrieben, die keine Rechte hatten. Es war eine logische Folge, daß Landsknechte, die mit Gewalt nahmen, was ihnen in anderen Ständen verwehrt war, sich nunmehr so farbenprächtig kleideten, als es nur ging. Wer besonders gute Beute machte zog gleich mehrere Gewänder an. Damit das auch zu sehen war, kamen in die oberen Kleider Schlitze, dann quollen die Unterkleider hervor.

Lebenslustige Zeiten und lebenslustige Menschen bevorzugen kräftige Farben und spielen mit den Formen. Das gilt nicht nur für die Kleidung. Sie sehen gleiche Tendenzen in der Malerei und Architektur, im Kunsthandwerk und in den Möbeln. Der Geist der Zeit zeigt sich im Kleid. Zur Zeit der Puffärmel und Pluderhosen gab es Leute, die ein Dutzend Röcke übereinander trugen. Dann gab es jene anderen, denen schrieben Kleiderordnung und Rang betont schwarze Kleidung vor. Als erstes ließen sie die Hüte wachsen und wahrhaft abenteuerliche Formen annehmen, damit waren Würde und Erhabenheit demonstriert. Um aber auch etwas Anteil an der Stoffverschwendung der Zeit zu haben, legte man wenigstens den rädergroßen Kragen in so viel Falten, daß er ausgebreitet mehrere Quadratmeter Fläche bedeckte.

Grundsätzlich gilt: Ruhige strenge Formen und Einfarbigkeit, Schnitte die enger am Körper liegen, drücken Ernst und eine gewisse Abgewandtheit vom Leben aus. Weite Formen, wehende Bänder, Mehrfarbigkeit und Spiel mit den Schnitten sind dem Leben zugewandt. Im Extrem wäre der Mensch, der nur noch Bunt und keinerlei feste Formen mehr liebt, der Oberflächliche, der im strengen Schnitt einfarbig (meist dunkel) Dahergehende, der Verinnerlichte. Es liegt auf der Hand, daß sich mit der Bekleidung lügen läßt, in ihr zum Ausdruck kommt, was jemand sein möchte und nicht was er ist.

»Bild zum Thema *Stoffe und Formen*«

Bei Trachten ist leicht festzustellen, daß jungen Mädchen Schleifen, Bänder und weite Röcke besonders gern zugestanden werden. Mit zunehmendem Alter tritt auch in der Tracht das Lockere zurück. Deswegen wirkt es ja auch leicht deplaziert, wenn »Deandln« und »Buam«, die man zwischen Oberbayern und Tirol seitens der Amüsierbranche vergnügungssüchtigen Urlaubern serviert, sich schon bedenklich dem Greisenalter nähern.

Der klassische Pauker spräche: »An den Kleidungsformen unserer Tage fällt besonders ihre teilweise Formlosigkeit auf!«

Doch es ist ein ernst zu nehmendes Symptom, daß Modefarben

und Schnitte schnell wechseln. Das ist nicht nur Manipulation der dahinterstehenden Industrie bzw. der verschiedenen zwischenverdienenden Handelsbetriebe. Es zeigt sich darin vielmehr die mangelnde Linie. Das kann positiv gesehen werden und auch anders. Positiv ist es sicherlich, daß so der freien Wahl und dem persönlichen Geschmack Spielraum gegeben wird. Bedenklich scheint hingegen, daß in unseren Tagen wohl niemand mehr so recht weiß wo es langgeht. Aber auch das könnte ein Vorteil sein, weil mit dem entsprechenden Wissen sich möglicherweise zeigt, daß die euphorischen Zukunftsvisionen mancher Politiker und Wirtschaftler erheblicher Korrekturen bedürfen.

Deine Farbe verrät dich

Mit Farben kann man nicht nur herrlich gestalten, man kann über ihre Aussagen dicke Bücher schreiben. Das ist sogar schon geschehen. Werfen wir einen kleinen Blick über den Zaun, der das Zauberland »Farbpsychologie« umschließt. Es gibt verschiedene Gliederungen der Farben, wir wollen uns hier auf die beschränken, die die rund 50000 Farbtöne und -nuancen, die das Auge zu unterscheiden weiß, in Primär-, Sekundär- und Tertiärfarben unterteilt. Vom Farbfernsehen her könnten Sie wissen, daß sich jeder Farbton aus Mischungen des Rot, Grün und Blau herstellen läßt. In der Welt der Farbsubstanzen sind die Grundfarben hingegen Rot, Blau und Gelb. Diese Farben erlauben es, alle anderen zu mischen, man nennt sie deshalb Primärfarben. Sie werden lediglich abgedunkelt oder aufgehellt durch Schwarz und Weiß. Letztere beiden gelten jedoch nicht als Farben, sondern nur als Grauwerte. Weiß ist die Abwesenheit von Farbe (bei einer anderen Betrachtung hingegen die Addition aller Farben) und Schwarz die Abwesenheit von Licht. Blau, Rot und Gelb, die Primärfarben, sind in reiner Form leuchtende Töne. Man schreibt sie der Jugendlichkeit zu. Junge Menschen und junge Völker tendieren zu diesen Farben. Schauen Sie sich die Malereien früher Kulturen an, Sie werden sehen, daß diese Farben besonders oft auftreten. Gleiches gilt für die Jugendwerke einzelner Künstler. Der junge Rembrandt hatte durchaus noch nicht die Palette der geheimnisvollen Brauntöne, die lediglich durch Schlaglichter aufgelockert wurden. Mischt man die Primärfarben, dann ergibt sich, je nach Mischungsverhältnis, eine große Zahl von Sekundärfarben. Rot und Gelb gibt Orange, Gelb und Blau Grün, Blau und Rot Violett. Diese Farben in ihrer großen Vielfalt und immer noch verhältnismäßigen Reinheit kennzeichnen hohe Kulturen und ebenso den reiferen Menschen. Sie finden sie beispielsweise in zahlreichen Varianten der Malerei, der Renaissance und des Barocks. Maler auf dem Höhepunkt ihrer Laufbahn haben sie besonders häufig in ihrer Palette. Werden Primärfarben hauptsächlich von Kindern und Teenagern bevorzugt, so greift der Mensch zwischen 20 und 40 eher zu Sekundärfarben. Damit haben Sie einen Hinweis: Wählen Menschen andere Farben als sie ihrer Altersgruppe entsprechen, dann wollen sie damit etwas ausdrücken. Der ältere Mensch sagt mit Primärfarben, daß er sich noch jung fühlt oder sehnt sich nach der verlorenen Kindheit zurück. Der junge Mensch, der kultiviertere Farben bevorzugt, zeigt damit entweder Reife oder Altklugheit oder sehnt sich einfach danach, die Jugendzeit hinter sich zu bringen. Durch Mischung aller Farben aus dem primären und sekundären Bereich entsteht dann die dritte Gruppe, die der Tertiärfarben. Sie werden alternden Kulturen und alternden Menschen zugeschrieben. Am oben erwähnten Beispiel Rembrandt können Sie es deutlich sehen. Auch der alte Tizian ist weitaus weniger farbenfroh als der junge, doch zeigt sich an seinen Farben, wie lange er sich in seinem Wesen jung hielt (er malte ja noch mit 99 Jahren).

Sie finden oft bei alten Menschen eine merkwürdige Liebe zu dunklen und graubraunen Erdtönen. Es ist so, als ob nach den himmelblauen Träumen der Jugend und der Farbenpracht des Lebenssommers man sich nach der Rückkehr zur Erde sehnt.

Von einzelnen Farben etwas abzulesen ist sehr schwierig, einmal, weil sie selten allein auftreten, zum zweiten, weil sie in mannigfachen Helligkeitswerten erscheinen. Zum dritten, weil Menschen zu verschiedenen Zeiten zu verschiedenen Farben greifen. Als Anhaltspunkte können dienen, daß man dem Rot, der Farbe des Blutes, das Leben und das Temperament zuspricht.

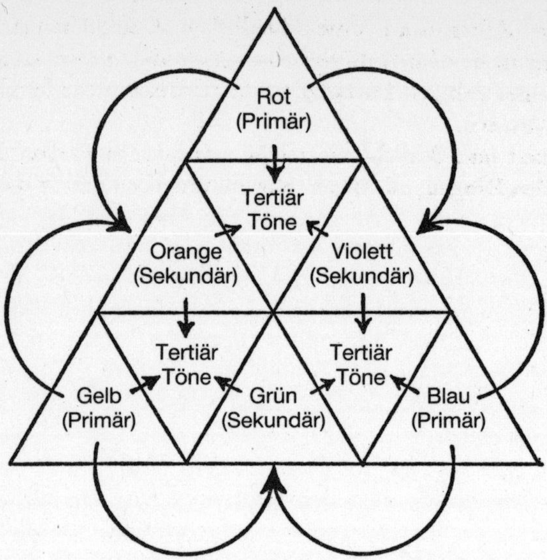

»Schema der Farbeinteilung«

Dem geschwächten Rot, dem Orange, ordnet man Fröhlichkeit und Aufgeschlossenheit zu. Vom Rot hat es das Temperament, vom Gelb die Ratio. Gelb wird dem Verstande zugeordnet, der nüchternen Erwägung. Grün gilt als Zeichen der Erdverbundenheit, der Tendenz zum Realen. Es ist das Bindeglied zwischen der Vernunft und dem Gefühl, welches Blau ausdrücken soll. Empfindsamkeit und Emotionen drückt Blau aus, wie es heißt um so mehr in idealistischer Richtung, je dunkler das bevorzugte Blau ist. Violett schließlich gilt als Zeichen der Vergeistigung und des Kampfes zwischen dem im Rot manifestierten Irdischen und dem idealistischen Blau. Bevor Sie sich aber einen Aussagenfächer aus diesen Hinweisen konstruieren, sollten Sie sich intensiver mit der Farbenpsychologie auseinandersetzen.

Soviel können Sie aber sicher von einem Gegenüber ablesen: Je farbenfroher sich ein Mensch (nicht im Ausnahmefall) zu verschiedenen Zeiten und unterschiedlichen Gelegenheiten kleidet, desto mehr ist er dem Äußerlichen zugewendet. Je einfarbiger, und je mehr einer ruhigen Farbe zugewandt, desto mehr berühren ihn Dinge im Innern.

Üppigkeit und Schlichtheit zeigen sich auch in Farben und Formen, an den Dingen, mit denen wir uns umgeben und in die wir uns kleiden.

5. KAPITEL

Der Anspruch auf das persönliche Revier

Der Mensch in seiner Umgebung

Heute soll angeblich niemand mehr mit weichen Knien ein Chefzimmer betreten, es sei denn der Chef selbst. Früher war das anders. Rief der »Alte« (der war seinerzeit Vorgesetzter und Autoritätsperson), so erwartete der Gerufene im allgemeinen etwas Unangenehmes. Also ganz ehrlich: Glaubwürdige Arbeitnehmende (ein schönes Wort) berichteten mir, daß es mancherorts heute noch so aussieht wie dazumal. Der Chef hat sein Revier. Er ist in einem besser ausgestatteten Zimmer als alle anderen. Er hat mehr Platz, mehr freien Raum um sich, eine Art Pufferzone. Muß jemand hinein, so verletzt er das Chefrevier. Das wissen beide, Revierbesitzer und Eindringling. Der eine spielt den Verteidiger, der andere den Angreifer. Entsprechend verhalten sich die beiden dann. Der in der betrieblichen Hierarchie Höherstehende hat die bessere Position und die besseren Waffen. Er verschanzt sich zunächst hinter seinem Schreibtisch. Kommt er, zur Begrüßung beispielsweise, dahinter vor, so ist das schon ein gutes Zeichen für den Eintretenden. Der Andere: Tritt er schnell herein und geht rasch auf den Schreibtisch zu, so ist er wahrscheinlich seiner Sache und Sieges ziemlich sicher (vielleicht spielt er nur den Forschen). Tritt er langsam ein, bleibt an der Tür stehen, wartet darauf, nähergebeten zu werden, so hält er sich gewissermaßen den Fluchtweg offen. Vorwärtsbewegung tendiert zum Angriff, symbolisiert Stärke und Selbstsicherheit. Verharren und Zurückweichen zeigen das Gegenteil. In abgewandelter Form finden sich gleichgeartete Bewegungen auch im Sitzen .Der sich Vorbeugende greift an, will erobern, seine Gedanken durchsetzen. Lehnt sich einer zurück, so vergrößert er damit die Distanz, will andere bzw. Gedanken nicht an sich herankommen lassen. Rollen und Haltungen wechseln innerhalb von Gesprächen. Wer mit jemand verhandeln will, zu dessen Wesen Distanz gehört, sollte nicht um den Schreibtisch herumgehen, um gleichsam in den Rücken des Partners zu gelangen.

Das wäre eine eklatante Revierverletzung. Rechthaberische Menschen pflegen sich so zu setzen oder zu stellen, daß sie jederzeit dem anderen dicht auf den Leib rücken können. Im intensiven Gespräch scheuen sie sich nicht, den anderen fortwährend zu berühren. Da wird dem Gesprächspartner die Hand auf den Arm gelegt oder er erhält mit dem Handrücken fortlaufend Stöße an den Oberarm. Betrachten Sie derart Behandelte: Gefurchte Stirn, leicht schmerzlich verzogener Mund, die Augen ein wenig zusammengekniffen, um zu erkennen, wie peinlich derartige Aggressionen wirken.

Jeder Mensch beansprucht sein Revier, Überbleibsel aus Urzeiten, die im Tierreich noch gut zu beobachten sind. Jeder versucht, sich in die beste Position zu bringen. Die Menschen setzen sich, ihren Charakteren gemäß entweder so, daß sie alles gut überblicken und selbst schnell agieren können, oder am weitesten von Gefahrenpunkten entfernt.

In Vortragsräumen setzen sich die Ehrgeizigen und Selbstbewußten nach vorn, sind sie kritisch, betont seitlich. Die Ängstlichen setzen sich in die Nähe der Ausgänge und nach hinten. Das Heer der Indifferenten befindet sich in der Mitte. Interessant, wie sich ängstliche Naturen im Schutz Mutiger auf Plätze wagen, die sie allein nie einnehmen würden. Sitzen Gruppen von Zusammengehörigen in größeren Veranstaltungen, so nehmen die wichtigsten Mitglieder, der Übersicht wegen, die äußeren Plätze ein. Kluge Beobachter entnehmen aus Sitzordnung und der Art, wie Plätze eingenommen werden, noch weitaus mehr, beispielsweise Berufe, Stimmungslage, Beziehungen, Charaktere. Setzen sich Menschen, die gleichzeitig einen Raum betreten, einander gegenüber, so drückt das Bereitschaft aus, sich auszutauschen, ins Gespräch zu kommen.

Schauen Sie sich in Gruppen an, wessen Haltung von anderen Gruppenmitgliedern nachgeahmt wird. Er ist es, der die Führungsrolle innehat.

»Sitzordnung
(oder Platzverteilung)«

Schon in den Familien gibt es so etwas wie eine Sitzordnung. Vater nimmt den »Ehrenplatz« am Kopf des Tisches ein, Mutter sitzt ihm gleichwertig (fast) gegenüber. Die Kinder sind nach Alter oder Sympathien an den Seiten verteilt. Nicht von ungefähr verwendet man bei Gesprächen unter Gleichrangigen den runden Tisch, der kein oben und unten hat, und vermeidet damit den Kampf um die Dominanz der Sitzplätze.

Gleichberechtigung und Ungezwungenheit

Das Beharren auf einen bestimmten Platz, sei es am Eßtisch, sei es vor dem Fernsehgerät, bringt etwas von Erstarrung und hierarchischer Ordnung in der Familie zum Ausdruck. Ist ein Platzinhaber nicht da (z. B. das Familienoberhaupt auf Dienstreise) so nimmt, wie selbstverständlich, der Nächstranghöhere (oder der es sein will) dessen Platz ein. In ungezwungener Gemeinschaft gibt es keine festgelegten Plätze. Das Ideal der beliebigen und freien Platzwahl (bzw. des Platzwechsels) ist hingegen auch in den Großfamilien neueren Stils bei weitem nicht verwirklicht. Der begehrte »beste« Platz wird mitunter einfach durch frühzeitiges Erscheinen als beansprucht gekennzeichnet.

Menschen lassen sich besonders beobachten und beurteilen, wenn sie ein Revier einnehmen oder verteidigen. Aufmerksame Beobachter in oder in Sichtnähe von Warteschlangen amüsieren sich stundenlang. In Speiselokalen, Warteräumen oder wo immer Menschen aneinanderrücken ist es ähnlich.

Im ureigensten Revier, also zu Hause oder am eigenen Arbeitsplatz, bilden sich Verhaltensweisen, die auf andere Orte übertragen werden. So legt auch im Hotelfoyer mancher ein Bein über die Sessellehne, um damit seinen Revieranspruch zu betonen. Füße auf dem Tisch sind ein ähnliches Zeichen. Auch das sich bewußt-Zurücklehnen heißt: »Hier sitze ich mit gutem Recht, wehe wenn mir das einer streitig machen will!« Was einem gehört oder was beansprucht wird, »ergreift« man gern. Bewußtes Aufstützen auf die Tischplatte oder Umklammern von Kanten und Lehnen sind deshalb ebenfalls Ausdruck von Besitzanzeige oder Besitzkennzeichnung.

Wir sprachen von Menschen, die sich größer machen wollen, um eine gehobene Position zu betonen. Das gilt gleichermaßen für den Platz. Könige saßen auf erhöhten Thronen, von Podesten umgeben, auf denen Höflinge oder sonstwie Bevorzugte, Hochgestellte, hochgestellt waren .Der Rest des Volkes stand ebenerdig, wenn er sich nicht sogar in den Staub zu werfen hatte.

Erhöhte Positionen nimmt mancher ein, um das Revier zu überblicken. Das fängt bei Sitzkissen an und geht bis zum Haus mit dem »schönen Rundblick«.

Ab und zu sollten Sie aus unseren Betrachtungen einen Nutzen ziehen. Zum Beispiel diesen: Berühren Sie nicht Gegenstände eines anderen, wenn Sie nicht wollen, daß er Sie des Eindringens in sein Revier bezichtigt.

»Sitzhaltung«

So seltsam es klingt, auch Ordnung hat etwas mit Besitz- oder Herrschaftsanspruch zu tun. In einem peinlich geordneten Haushalt, auf ungezwungene Betrachter nahezu steril wirkend, duldet der Dominierende nicht, daß etwas herumliegt – Ablegen persönlicher Dinge drückt Besitzansprüche auf das Revier aus. Die Kinder dürfen kein Spielzeug herumliegen lassen, das Nähzeug im Arbeitszimmer des Hausherrn wird ebenso als Revierverletzung betrachtet, wie dessen Tabakspfeife in der Küchenzone der dort waltenden Hausfrau.

Man »belegt« ja auch in der Öffentlichkeit Plätze mit Handschuhen, dem Hut, seiner Zeitung, um zu zeigen, der Platz gehört mir. In der Wiener Oper gibt es ein Stehparkett, dort binden Platzinhaber lange vor Beginn ihr Taschentuch als Kennzeichnung des Revieranspruchs fest, und finden bei Beginn auch ihren freien Platz vor.

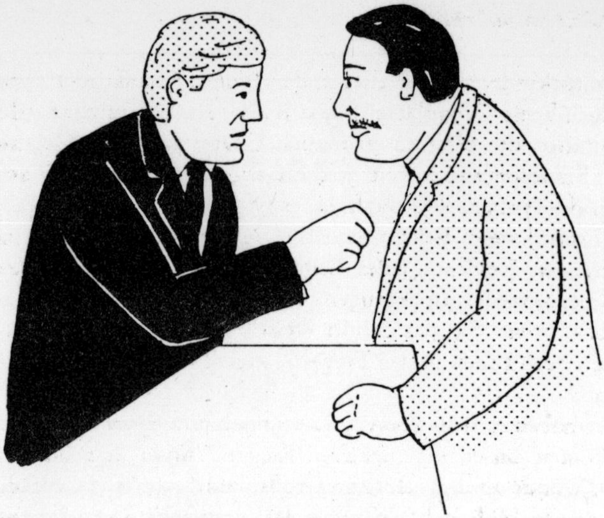

»Eindringen ins Revier«

Schließen der Zimmertüren, wenn nicht als Lärm-, Geruchs-, Helligkeitsdämmung unumgänglich, zeigt, daß sich jemand in seinem Revier streng abkapseln möchte. Das kann aus arbeitstechnischen Gründen nötig sein. Wer am Küchenherd vollkonzentriert ist, eine neue Speise zu kreieren, möchte nicht einen Teil der Gedanken auf Fußballergebnisse richten, die der Partner lautstark aus der Zeitung vorliest. Wer am Schreibtisch unmittelbar vor der Lösung eines Problems sitzt (und steht), kann fuchsteufelswild werden, wenn ihm aus der anderen Etage Neuigkeiten des Nachbarschaftsklatsches offeriert werden.

Offengelassene Türen heißen folglich: Ich stehe zur Verfügung, nehme Anteil am Geschehen um mich. Offene Türen kennzeichnen offene Charaktere. Das Großraumbüro ist ein Versuch unserer Tage, Barrieren abzubauen. Leider hat es eine Reihe arbeitstechnischer Nachteile und ist deshalb nicht die Ideallösung.

Kleinstkinder stecken alles in den Mund, Kleinkinder fassen alles an (auch heiße Ofenplatten). Das Kind versucht durch taktile Kommunikation die Welt zu erforschen. Später sollte der Gebrauch anderer Sinnesorgane soweit geschult sein, daß es nur in Ausnahmefällen des Anfassens bedarf. Ja, es ist geradezu ein Zeichen des Infantilismus, wenn Erwachsene alles in die Hand nehmen und auch in fremden Revieren jedes Ding befingern. Lustig zu sehen, daß viele Leute weder ihren Augen trauen, noch den Hinweisen anderer glauben, wenn Sie das Schild »frisch gestrichen« erblicken. Zuckt es nicht auch Ihnen in den Fingern, schnell mal zu probieren, ob das stimmt?

Wir haben es früh gelernt, Schutzmaßnahmen zu entwickeln. Wir umzäumen unser Grundstück. Trennen unser häusliches Revier durch Wände ab und selbst im Großraumbüro gibt es Grenzen durch Stellwände, Möbel und Pflanzen. All das zeigte Reste der Besorgnis um Leben und Gesundheit des primitiven Menschen, der sich in Höhlen, auf Bäume, Inseln oder zwischen Schutzmauern zurückzog.

Das gilt noch heute: Je mehr schützende Wände oder Maßnahmen, desto größer das Schutzbedürfnis und die Ängstlichkeit.

Der Mensch versucht sein Revier ebenso zu schützen wie seinen Körper. Den Körper nimmt er zurück, verschränkt die Arme oder schlägt schützend die Beine übereinander. Je näher andere herandürfen, desto weniger Angst hat der Mensch vor ihnen, desto wohlwollender ist er ihnen gesonnen. Der Kuß als Begrüßung ist der Höhepunkt der Annäherung. Wir wissen unterdessen von sich küssenden Staatsmännern, daß auch dabei gelogen wird.

Das Kind faßt nach der Hand seiner Mutter. Verliebte gehen Hand in Hand, Freundinnen (oder solche die vorgeben, es zu sein) spazieren Arm in Arm und gute Kameraden klopfen sich auf die Schulter oder legen einander gar den ganzen Arm darauf. All solche Berührungsgesten können Sie nun aufgrund der bisherigen Betrachtungen deuten. Es ist mit ihnen eine zeitweilige Aufgabe, ein Verzicht auf eigene Revieransprüche zugunsten anderer verbunden.

Peinlich, doch eindeutig in der Aussage, wenn Berührungen aufgezwungen werden. Am natürlichsten verhalten sich dann Kinder, die sich weigern, der lieben Tante ein Küßchen oder dem guten Onkel das schöne Händchen zu geben. Später lernt man es, sich zu überwinden oder zu lügen.

Vermeiden Sie Berührungen, wenn andere das als zudringlich empfinden. Erste Vorzeichen zu erwartender Zudringlichkeit haben Sie vorliegen, wenn jemand persönliche Gegenstände in fremde Reviere legt. Sitzt man am Tisch beieinander gilt der Anteil Tischfläche, welcher der Personenzahl entspricht, als jeweiliges persönliches Revier.

Sitzen also vier Personen am Tisch, so steht jedem ein Viertel zu. Der Herrschsüchtige wird mehr haben wollen. Er zeigt das mitunter dadurch, daß er sein Glas, Besteck, Feuerzeug in das Revier des Nachbarn legt. Oft sind solche Bewegungen beiläufig. Scheinbar unbeabsichtigt schiebt sich etwas in Ihr Revier. Seien Sie wachsam, man könnte Sie unterwerfen wollen. Beobachten Sie Menschen, die sich neu zu einer sitzenden Gruppe gesellen. Wer sich breit hinsetzt, vielleicht die Hände in die Beuge von Rumpf und Oberschenkel legend, und dann Besitztum auf die Tischplatte ausbreitet (Zeitung, Feuerzeug, Schreibzeug) demonstriert, daß er sich durchsetzen will.

Der Raum des anderen

Menschen, die gezwungen sind, auf engem Raum beieinander zu stehen, müssen zwangsläufig anderer Reviere verletzen. Im dichtbesetzten Fahrstuhl wird der, dem das nicht liegt, sich förmlich in sich zusammenziehen. Er steht steif da, um die anderen so wenig wie möglich zu berühren. Andere machen sich, wie es so treffend heißt, besonders dann »dick«, wenn ihnen nicht so viel Platz zusteht. In öffentlichen Verkehrsmitteln genießen es Mitbürger, in die persönlichen Zonen anderer zwangsläufig eindringen zu dürfen. Hierbei zeigen sich auch unterschiedliche Mentalitäten. So macht es manchen südländischen Gastarbeitern mitunter weniger aus, enger aneinanderzurücken. Vielleicht ist man es daheim mehr gewöhnt, z. B. in Verkehrsmitteln, eng beisammen zu sein. Bei uns geht, trotz verstopfter Straßen und mangelnder Parkplätze, weiterhin die Tendenz dahin, sich mit ein paar Quadratmetern Blech selbst im dichtesten Gedränge sein persönliches Revier zu erhalten. Kurios ist z. B., daß so mancher Autobesitzer eine Stunde früher zur Arbeit fährt als der Benutzer öffentlicher Verkehrsmittel, weil sonst die Parkplätze mit anderer Statussymbole bestellt sind. Wer weiß wie stark gerade dieses Moment auf die Einführung der gleitenden Arbeitszeit wirkte.

Die Psychologen sprechen davon, daß die Menschen unter einem Revierzwang stehen. Damit ist gemeint, daß es jedem gegeben sei, ein eigenes Revier zu beanspruchen und zu behaupten und notfalls zu verteidigen. Es richtet sich danach, wie wir uns und andere einschätzen, wenn wir unser Revier festlegen. Der ängstliche Untergebene (den es angeblich nicht mehr gibt) wird schon in der Tür stehen bleiben, wenn er ins Chefzimmer tritt. Der Halbforsche bleibt auf halbem Wege zwischen Tür und Allgewaltigenschreibtisch stehen, der Mutige beugt sich gar über die Tischplatte vor. Diese Überlegungen erklären auch, weshalb mit wachsender Macht die Arbeitszimmer größer werden. Der Besucher im Arbeitszimmer eines Machthabers muß zwanzig Meter zurücklegen, bevor er überhaupt an den Schreibtisch gelangt.

Mit wachsender Bevölkerungszahl und den technisch notwendigen Ballungen in Wirtschaftszentren schwindet die Größe des Reviers. Was Wunder, daß man in die Luft geht und Wolkenkratzer baut. Läßt es sich aber gar nicht mehr vermeiden, fortlaufend mit anderen in Berührung zu kommen, wie beispielsweise in Warenhäusern, dann bleibt nur eines: Die Nichtbeachtung.

Daher kommt es ja, daß wir uns inmitten von Menschenmassen oft am einsamsten fühlen: Jeder ist streng darum bemüht, den anderen nicht wahrzunehmen, nicht zu beachten. Der Mitmensch gilt als nicht vorhanden. Ist er aber nicht da, so kann man auch kein Revier verletzen. Kennen Sie nicht die leeren Blicke, die Ihnen in der Öffentlichkeit begegnen? Jeder schaut durch den anderen hindurch oder über hin hinweg. Nur wenn es dabei zu Pannen kommt, dann bricht all das Zurückgehaltene durch: Jemand rempelt einen anderen versehentlich an und schon entladen sich im heftigen Wortwechsel die bislang mühsam unterdrückten Aggressionen.

Raumbedarf und Raumgrößen

Es gibt Distanzen. Sie sollten sie kennen und nach Möglichkeit wahren. Wenn alle darum wüßten, gäbe es weniger Revierverletzungen.

Wieviel Platz der einzelne beanspruchen kann oder Sie selbst haben müssen, läßt sich nur schwer in Maßen angeben. Selbst ein großes Zimmer kann als klein oder doch unzureichend empfunden werden, wenn die einzelnen Plätze schlecht angeordnet sind. Eine bessere Platzeinteilung im gleichen Raum führt mitunter zur Zufriedenheit aller. Wer z. B. so gesetzt ist, daß sein Stuhl dauernd gegen die Wand stößt oder er beim Aufstehen gegen Möbel rückt, hat das Gefühl, zu wenig Platz zu haben. Hingegen ist das Gefühl, genug Platz zu haben, für viele schon dann vorhanden, wenn sie sich bequem im Stuhl zurücklehnen können und dann weder sie selbst noch der Stuhl irgendwo anstoßen. Sorgen Sie deshalb dafür, daß nichts und niemand Anstoß nehmen kann. Menschen, die bestimmte Plätze bevorzugt einnehmen, sich sogenannte Lieblingsplätze schaffen, haben ein besonders ausgeprägtes Bedürfnis nach einem eigenen Revier. Vielleicht war es ihnen in Kindheit und Jugend aus häuslichen Gründen lange vorenthalten. Sie machen sich solche Menschen geneigter, wenn Sie hinsichtlich eines solchen Lieblingsplatzes nachgeben.

Amerikanische Forscher unterteilten persönliche Reviere in unterschiedliche Distanzen. Sie sprechen von einer öffentlichen Distanz, die mehrere Meter beträgt und beispielsweise der Kommandierende vor der Truppe oder der Vortragende vor dem Auditorium einnimmt. Dabei findet keine Revierverletzung statt. Mit einer gesellschaftlichen Distanz sind gemeint: Entfernungen zwischen ein und zwei Metern. Sie herrscht an Amtsschaltern oder auch im gesellschaftlichen Gespräch einer Gruppe von Menschen. Auch dabei ist

Revierverletzung selten, zumal (wie am Schalter) mitunter Barrieren zwischen den Partnern errichtet sind. Es gibt jedoch häufiger *Berührungen* der individuellen Reviere. Eine andere Distanz ist die persönliche, sie spielt um einen Meter. Die persönliche Distanz erlaubt, sich vertrauter zu unterhalten, die Hand reichen, anderen zeigen, daß man »zusammensteht«. Da sich in dieser Distanz Reviere überschneiden, werden auch Reviere verletzt. Diese Nähe ist daher nur erlaubt, wenn man sich auch im übertragenen Sinne näher steht. Als letzter Abstand wird dann noch eine sogenannte »intime Distanz« erwähnt. Sie beträgt nur wenige Zentimeter und geht oft mit körperlichem Kontakt einher. Z. B. wenn man einem anderen etwas ins Ohr flüstert. Die intime Distanz ist sowohl Kennzeichen der höchsten Steigerungsform der Liebe als auch des Zweikampfes. Hier überlagern sich die Reviere. Je dichter man einander auf den Pelz rückt, desto mehr beansprucht man also, des anderen Revier völlig zum eigenen zu machen, es einzunehmen.

»Distanz«

Aus Distanzen lassen sich Beziehungen zwischen Menschen ablesen. Es ist zu erkennen, mit welchen Absichten sich Personen einander nähern. Wir finden Anknüpfungspunkte zu den Betrachtungen über die Einnahme von Plätzen. Wer sich in Räumen, wie Veranstaltungssälen, hintenansetzt, wählt die äußerste Grenze der öffentlichen Distanz und will unerkannt bleibt. Wer betont nach vorn geht, nähert sich damit dem Vortragenden und will außerdem von allen anderen (Hintersitzenden) gesehen werden.

In Kriminalfilmen können Sie es sehen: Der verhörende Beamte rückt in die persönliche, wenn nicht gar intime Distanz zum Verhörten. Er benutzt die Revierverletzung als Taktik. Wenn schon mal ein Inspektor hinter seinem Schreibtisch sitzen bleibt, dann hat er aber Helfer, die hautnahe bei dem Sünder stehen. Es wird diesem nicht die Sicherheit hinter einem Möbelstück geboten. Sicherheit hinter Möbeln suchen ängstliche Redner. Sie wagen sich nicht vor das Pult. Der wirklich freie Redner steht auf offener Bühne

»Distanz«

und bietet der Sicht des Publikums mutig seinen ganzen Körper dar.

Zwischenraum wiegt ebenso in Sicherheit wie Barrieren. Je mehr Raum, desto sicherer fühlt sich mancher. Sind die Gegebenheiten wider große Abstände, dann treten Schalter, Schreibtische, Schranken (überall in alten Polizeirevieren) oder Theken zwischen Partner oder Kontrahenten.

Recht interessant zu wissen, daß man von einem minimalen Raumbedarf in Menschenansammlungen von $1/2\,m^2$ ausgeht. Aufgrund dessen läßt sich berechnen, wie groß die Teilnehmerzahl in öffentlichen Veranstaltungen ist. Ist eine Volksmenge weniger dicht, so geht man von $1\,m^2$ pro Person aus.

Bei Beobachtungen und Urteilen sollte nicht nur auf ursprüngliche Reviere bzw. Distanzen, sondern vor allem auch auf die laufenden Änderungen geachtet werden. So weisen Veränderungen in der Haltung des Oberkörpers oder der Füße darauf hin, daß jemand bald den Raum verlassen will, oder daß er vom passiven Zuhörer in die Aktivität des Diskussionsteilnehmers wechseln wird. Wer in Räumen, die er mit anderen teilt (wie den erwähnten Vortragsräumen oder in Gaststätten), nicht will, daß ihm andere näherkommen, auf Alleinsein besteht, nimmt so Platz, daß er viel Revier belegt. Er setzt sich an den Tisch, daß anderen kein Platz bleibt. Etwa in die Mitte der Breitseite. Ebenso kann er sich ganz in einer Ecke, an einen unvorteilhaften Platz setzen, weil er hofft, daß auf solch Revier niemand Anspruch erhebt. Wer allein bleiben will setzt sich nur selten mit dem Gesicht zur Tür. Er will andere nicht wahrnehmen und will auch, daß diese ihn nicht sehen. Wer sich in gute Sichtnähe mit dem Gesicht zur Tür plaziert, will im allgemeinen den Kontakt, sucht das Gespräch.

Ähnliches zeigt sich in Parks oder öffentlichen Anlagen. Wer nicht will, daß andere sich zu ihm setzen, macht sich in der Mitte der Bank breit. Läßt sich die Stellung nicht halten, etwa weil alle anderen Bänke unterdessen besetzt wurden, so rückt er betont an die Ecke und versucht, so wenigstens Distanz zu »Beisitzern« zu gewinnen. Möchte aber jemand, daß man sich zu ihm setze, so wird er weder an der Bankecke, noch in der Mitte Platz nehmen, sondern etwas zur Seite. Dann bleibt viel Raum für Ankömmlinge und die Distanz ist nicht bewußt vergrößert. Und nun schauen Sie sich draußen um, ob Sie nicht deutlich Plazierungssignale erkennen.

Eindringlinge

Versetzen Sie sich nochmals in die Lage, inmitten vieler Menschen zu sein. Jeder sieht am anderen vorbei oder über ihn hinweg, um seine Nichtbeachtung, wenn nicht gar Nichtachtung, zu zeigen. Damit erwirbt er sich gewissermaßen das Recht, in die Reviere anderer Menschen einzudringen, die Distanzen zu mißachten. Wer bewußt Ihr Revier verletzt, zeigt damit entweder, daß er Ihnen auf den Leib rücken will, oder, daß er von Ihnen gar nichts hält.

Kommen Sie selbst in Situationen anderen zu nahe, achten Sie darauf, wie jene sich verhalten. Gehen Bewegungen rückwärts, versteift sich der Körper, verkrampfen sich die Hände, dann ist man Ihnen nicht sonderlich wohlgesonnen. Es ist Ihre Pflicht, die Lauterkeit Ihrer Absichten zu signalisieren. Menschen, an denen Sie vorbei müssen und die keinen Wunsch haben, mit Ihnen in Kontakt zu kommen, drehen sich im Winkel von etwa 45° ab, wenn sie nicht zurückweichen können. Abdrehen, oft nur mit dem Oberkörper in der Hüfte, ist daher eine typische Abweisungsgeste. Stehen mehrere Menschen beieinander, so zeigen sie schon durch ihre ganze Haltung, ob ein Hinzutreten erwünscht ist. Wenn in Partys beispielsweise Gesprächspartner einen geschlossenen Kreis bilden und Sie nur Rücken sehen, dann ist es ausgesprochen ungeschickt, sich in einen solchen Kreis hineinzudrängen. Man unterstellt Ihnen sofort die Absicht, den Kreis sprengen zu wollen oder sich neugierig um Dinge zu kümmern, die Sie gar nichts angehen. Will eine Gruppe weitere Gesprächspartner aufnehmen, so stellt sie sich offen, beispielsweise in einen Halbkreis, man kann hinzutreten.

Sitzgruppen verhalten sich ähnlich. Sind die Oberkörper zugewandt, zeigen die Rücken auch nur andeutungsweise nach außen; dann wünscht man, unter sich zu bleiben. Drängt jemand gewaltsam in solche Gruppen, dann gehen oft die Arme hoch und verschränken

»Gesprächsgruppen«

sich: Man will sich gegen Eindringlinge schützen. Auch der Mensch, der im Gespräch plötzlich die Arme verschränkt, wehrt symbolisch Eindringen ab und sei es nur das Eindringen der Gedanken des Gesprächspartners.

Taktvolle Menschen beobachten Distanzen und Verhalten des Menschen im Raum. Es wird immer als peinlich empfunden, wenn

»Gesprächsgruppen«

man Distanzen mißachtet. Wer von der gesellschaftlichen Distanz in die persönliche rückt, ohne diese persönlichen Beziehungen aufgebaut zu haben, benimmt sich daneben. Gleiches gilt für den Wechsel aus der persönlichen Distanz in die intime. Am schlimmsten verhalten sich aber jene porzellanladenzertrampelnden Elefanten, die aus der öffentlichen oder gesellschaftlichen Distanz unmittelbar in die intime eilen.

Wer zu nahe tritt wirkt immer aufdringlich, so wie der, der zu weit entfernt bleibt, abweisend wirkt.

Sind denen, auf die besagte Elefanten zuwalzen, die Fluchtwege verbaut, so äußert sich der Unwille in unruhigen Bewegungen. Urplötzlich werden die Beine anders übereinandergeschlagen, die Finger schlagen imaginäre Takte, der Kopf wird in der Schulterpartie zurückgezogen. Das Kinn sinkt durch Neigen des Kopfes. Gleichzeitig bietet man dem anderen die Stirn. Mitunter werden auch die Augen geschlossen. Wenn Sie derartiges an Gesprächspartnern beobachten, so sind Sie zu weit gegangen bzw. zu nahe gekommen. Drängen Sie nicht weiter. Es kann aus solcher Verteidigung urplötzlich ein Angriff geführt werden.

Aus der Distanz liest sich mitunter der Typ eines Menschen ab. So gilt als gesichert, daß bei Introvertierten die Distanzen groß sind. Extravertierte halten die Abstände zwischen sich und dem Partner klein. Und noch ein paar Dinge am Rande: Stellt sich jemand zwischen bereits beieinander Stehende, so kann dadurch eine Blockade angedeutet werden. Unterhält sich beispielsweise eine Ehefrau auf einer Gesellschaft mit einem Partner, der dem Ehemann nicht genehm ist, und dieser wie zufällig hinzutritt, wird dadurch die Distanz zwischen dem anderen und der Frau vergrößert.

In anderen Fällen will ein Dazwischentretender eine unterlegene Person schützen. Achten Sie auf die Füße der beieinander Stehenden. Stehen sie gewissermaßen auf der Peripherie eines geschlossenen Kreises, so ist wahrscheinlich ein Hinzutreten unerwünscht. Der Stehende, der an der Wand lehnt, kann durchaus gesprächsbereit sein, doch zeigt er auch, daß er seine Position abzusichern sucht.

6. KAPITEL

Menschen im Gespräch

Laßt uns miteinander sprechen

Die Betrachtungen im vorigen Kapitel führten schon mitten in das Thema des vorliegenden. Laßt uns über Gespräche sprechen! Wir sind so oft selbst in Gesprächssituationen oder beobachten andere darin, daß sich dabei besonders viel Anschauungsmaterial findet. Was halten Sie von zweien, die im Winkel beieinander stehen, die Jacken oder oberen Hemdenknöpfe geöffnet haben und viel-

»Beieinander stehen«

leicht die Daumen in die Hosentaschen oder die Gürtel einhängten? Sie werden jetzt schon richtig folgern: Hier ist man offen, es geht um nichts Besonderes, es können auch andere am Gespräch teilnehmen.

Haben dann noch beide Partner etwa die gleiche Kopfhaltung und lächeln sich zu, so sind sie in gutem Einvernehmen, es findet gewiß kein Streitgespräch statt. Sollte jedoch jemand plötzlich an der eigenen Nase herumreiben (bei Fremden verbietet es sich ohnehin), so kann es sein, daß der Gesprächspartner etwas äußerte, dem ersterer nicht zustimmen mag. Die Berührung des eigenen Kopfes hingegen ist sehr oft ein Zeichen der Zustimmung. Solange man in gutem Einvernehmen steht, ist die Haltung locker. Verschlechtert sich die Einvernahme, so straffen sich die Körper, gleichsam als gelte es Aktionen vorzubereiten, sich kampfbereit zu machen. Der Kopf wird erhoben, die Stirn legt sich in Waschbrettfalten, die Schultern werden zurückgezogen und in ganz schlimmen Fällen die Fäuste geballt. So weit lassen Sie es, aufgrund der hier gewonnenen Erkenntnisse, sicherlich nicht kommen.

Kopfbewegungen zu beobachten ist für Gesprächspartner überhaupt sehr wichtig. Sehen Sie am Ende einer Ausführung ein leichtes Nicken, oder geht der Kopf in Schräglage, so ist das für Sie die Aufforderung, nunmehr zu dem Geäußerten Stellung zu nehmen. So lange der Kopf streng gerichtet bleibt oder gar der Blick auf dem Boden haftet, wünscht der Sprechende nicht unterbrochen zu werden. Selbst wenn er eine Pause macht, dient diese nur zum Luftholen oder der Neuordnung seiner Gedanken. Kopf und Stimme heben sich am Ende von Ausführungen. Besonders wenn so eine Frage abgeschlossen bzw. untermalt wird, ist das gleichbedeutend mit dem Signal für Sie, nun Ihrerseits zu sprechen. Will man besonders deutlich zeigen, daß man eine zustimmende Antwort oder Äußerung erwartet, so geht der Kopf meist etwas ruckartig zurück.

Die Geste ist verwandt jener Kopfbewegung, mit der man jemanden zum Folgen auffordert. Ist sich hingegen der Fragende der eigenen Ausführungen nicht ganz so sicher, dann zieht er eher den Kopf leicht zwischen den Schultern ein und unterstützt seine Worte durch drehende Bewegungen der Hände in ihren Gelenken.

Gespräche sind Wechselreden, in denen jeder zu Wort kommen sollte. Erstaunlicherweise sind eine große Zahl von Gesprächen Monologe, in denen ein Sprecher kaum zu bemerken scheint, daß die anderen auch mal etwas sagen wollen.

Sie merken das natürlich sofort, denn der, der das Wort zu haben wünscht, wird eine Hand ruckartig aufheben oder betont kurz tief atmend den Brustkasten aufrichten. In beiderseitigem fruchtbaren Gespräch sind solche Signale sehr sorgfältig zu beachten, damit es nicht von einem heißt:

Der Kerl hört sich am liebsten selbst reden. Was überdies auf die meisten Menschen zutrifft.

Der Blick im Gespräch

Es gab eine Zeit, sie ist noch nicht sehr lang vorbei, da gehörte es zum guten Ton, die Augen im Gespräch niederzuschlagen. In manchen Ländern gilt es auch heute noch als Zeichen der Ehrerbietung, Demut und Sittsamkeit. Wir sind heute der Ansicht, daß man jedermann offen ins Auge blicken sollte. Ganz besonders werden Redner darauf trainiert, den Augenkontakt mit ihrem Publikum zu halten.

Es gehört einfach zur guten Kommunikation, sich beim Gespräch anzuschauen. Ebenso stört alles was den Blick ablenkt die gute Kommunikation. Wer, statt den Partner, seine Fingernägel aufmerksam betrachtet, zeigt damit, daß ihn seine Fingerkuppen mehr interessieren als Gespräch und Mitmensch.

Auch wenn Sie mit den Fingern trommeln oder sonstige unkontrollierte Bewegungen ausführen (Herumkritzeln, Falten der Hosen glätten, irgendwo herumkratzen) stört das den Augenkontakt, weil der Blick des Partners von solchen Dingen angezogen wird. Manche Leute richten zwar den Blick auf ihr Gegenüber, sehen es aber dennoch nicht an. Der Blick ist leer, geistesabwesend und spricht deutlich: »Was Sie sagen interessiert mich nicht!« Dann gibt es andere, Gymnasiasten sind darin erstklassig trainiert, die täuschen mit dem Blick Aufmerksamkeit vor. Der gute Lehrer merkt es daran: daß die Augen weit geöffnet sind und kaum blinzeln. Dabei ist zumeist der ganze Oberkörper betont aufgerichtet und die Füße stehen fest auf. Gerade der Schüler, der einen schläfrigen Blick einstellt, leicht blinzelt, die Unterarme auf dem Tisch liegen hat, lauert wahrscheinlich hellwach darauf, daß sich der Lehrer eine Blöße gibt bzw. auf die Gelegenheit aktiv zu werden. Auch der in die Hände gestützte Kopf, bei dem die Augen fast geschlossen sind, kann höchste Aufmerksamkeit ausdrücken.

»Aufmerksamkeit«

Augen seien die Spiegel der Seele wird behauptet. Daran ist mehr als ein Körnchen Wahrheit. Wenn ein Mensch seinen Blick über einen Gegenstand oder einen anderen Menschen wandern läßt, so drückt sich darin ein Eigentumswunsch oder Besitzanspruch aus.

Er stand auf seines Daches Zinnen,
Und schaute mit vergnügten Sinnen
Auf das beherrschte Samos hin.
»Dies alles ist mir untertänig . . .«

Ein anderes ist die Öffnung der Augen. Weit geöffnete Augen drücken Erstaunen, Erschrecken aus – oder (hatten wir schon) täuschen solches vor. Augen die sich verengen, zu Schlitzen werden, sind Warnzeichen und bewirken bei anderen Unsicherheit. Sich zusammenziehende Lider sind ja wieder Zeichen des Schutzes. In diesem Fall aber eines Schutzes, der zugleich ein besseres Sehen erlaubt, weil das Sehfeld eingeengt, zielgerichtet wird. Wer die Augen zusammenkneift, bereitet sich auf etwas vor. Das könnte ein Angriff sein. Am Ende eines Fragesatzes hingegen gehen die Lider mitunter bewußt in die Höhe. Es ist gerade so, als ob der Fragende mit der größeren Menge des Lichtes, das nun eintreten kann, die Erleuchtung erwartet. Wird der Partner beim Sprechen oder nach Beendigung eines Satzes bewußt mit geöffneten Augen angesehen, dann ist das für diesen gleichsam die Aufforderung, sich seinerseits zu äußern. Andererseits gibt die Sprechpause ohne diesen auffordernden Blick noch nicht das Signal zum Sprechen. Im Gegenteil, bleibt der Blick des Sprechenden unten oder auf einen Punkt geheftet, so möchte er noch mehr sagen.

»Aufmerksamkeit«

So lange ein Gesprächspartner an den Lippen des anderen hängt, hört er noch zu. Geht aber dann der Blick am Sprechenden vorbei, ist es damit aus oder aber ein deutliches Zeichen für die andere Meinung des Hörers. Desinteressiertheit und andere Absicht drükken sich auf ähnliche Weise im Blick aus. Und der Sprecher, sieht er selbst am anderen vorbei – ist er dann selbst nicht interessiert an dem was er sagt? Kann sein – kann auch sein, daß er den Angeredeten keines Blickes für würdig hält. Hitler soll so seine Monologe gehalten haben. In vielen Fällen sagt der vorbeigerichtete Blick eines Sprechers, daß er seiner Sache nicht sicher ist. Sicherheit hat etwas mit Beständigkeit zu tun. Beständigkeit hieß früher allgemein Stetigkeit. Ein steter Blick ist ein beständiger, sicherer Blick. Ist aber der Blick unstet, dann fehlt es halt beim Sprecher an Sicherheit. Festes Ansehen beim Sprechen sagt: »Ich bin mir meiner Sache absolut sicher!« Dann gibt es noch den Vogel-Strauß-Blick. Es ist zwar ein Ammenmärchen, daß Straußen mit dem Kopf im Sand die Fährnisse des Lebens vornehm übersehen, wird aber weiterhin behauptet. Sieht ein Mensch bewußt an anderen vorbei, so kann das bedeuten, daß er vom anderen nichts sehen und wissen will. Er zeigt, daß er nichts sieht, ergo nichts da ist und man ihm folglich auch nichts anhaben kann.

Der Blick sagt immer etwas. Mit den Augen zu lügen ist so gut wie nicht möglich. Ob man jemanden ansieht oder an ihm vorbeisieht, immer sprechen Blicke Bände.

Doch gibt es auch Blicke, die Bibliotheken sprechen wollen. Sie sind einfach zu lang. Wer jemanden ununterbrochen ansieht – es sei denn er ist sich dieser Tatsache selbst nicht bewußt – wirkt aufdringlich. Er erinnert an den Hypnotiseur, der mit dämonischem Blick Menschen in Bann schlagen will. Ein zu langer Blick ist unhöflich. Man betrachtet den anderen als Sache, die man abtaxiert. Zu lange Blicke sind auch aufdringlich, unterstreichen ein Begehren zu stark. Der, den man so anschaut, kann genau entgegengesetzt reagieren als gewünscht wird. Zu lange Blicke zeigen die eigene Selbstüberschätzung. Man zeigt aber zugleich auch wieder Unsicherheit, denn zu lange Blicke drücken bei manchem aus, daß er es nicht wagt wegzusehen, den anderen streng unter Kontrolle halten will, befürchtet, der könne sonst etwas tun, das er nicht soll. Der positive Blick kommt aus einem weitgehend entspannten Gesicht. Den anderen anschauen, ohne gewaltsam Absichten durchsetzen zu wollen.

Das Wort Blick in seiner Urbedeutung hieß so viel wie heller Strahl. Wir haben noch die Verwandtschaft im »Blitz«. Es sagt uns, daß Blicke treffen, erleuchten und vernichten können. Blicken auch Sie in Zukunft etwas aufmerksamer um sich.

Durch die schützende Hand gesehen

Manche Leute wissen es, vielleicht ganz unbewußt, daß man viel von ihren Blicken ablesen kann. Sie verdecken darum ihre Augen. Ich vermute stark, daß so manche Sonnenbrille, die wir auf den Nasen Prominenter sehen, diese Funktion hat. Sie haben aus kinesischer Sicht sogar doppelte Funktion (die Sonnenbrillen), einmal verhindern sie Einblicke ohne den Ausblick sonderlich zu behindern, zum anderen ziehen sie den Blick der Beschauer an, ohne daß zugleich für diese etwas zu beobachten ist. Sehen durch Sonnenblenden, wozu wir auch die gespreizten Hände zählen, drückt schon einige Selbstsicherheit aus. Wissen Sie übrigens, wie lange ein Blick etwa dauert, was man zeitlich unter einem Augenblick versteht? Ich habe es tausendfach an Lesern gemessen: Ein Blick, der einen optischen Eindruck sicher aufnehmen will, dauert im Schnitt etwa $^{348}/_{1000}$ Sekunden. Sagen wir also rund ein Drittel Sekunde. Flinke Seher können diese Zeit halbieren. Bei etwa $^{1}/_{7}$" liegen die Grenzen der Wahrnehmungsfähigkeit, es sei denn, daß eine Pause folgt, in der man sich das Erblickte bewußt macht. In diesem Fall kann man auch bei ausreichender Beleuchtungsstärke in einer hundertstel oder tausendstel Sekunde einiges wahrnehmen.

Ein beiläufiger Seitenblick kann also allerhand Informationen eintragen. Manchmal ist unser Blick getrübt. Besonders klar kann er sein, wenn die Augenoberfläche sauber gehalten wird. Das bewirken die Lidschläge, die fast immer Reflexbewegungen sind und deshalb nichts über die Persönlichkeit aussagen. Achten Sie nur darauf, ob sich nicht jemand das Klappern mit den Augendeckeln angewöhnt hat und ähnlich agiert wie Stummfilmschauspieler, bei denen das Klimpern mit den Wimpern Aufmerksamkeit anlocken sollte. Bewußte Augenlidbewegungen wirken affektiert und verraten einiges über die Arroganz der Klimperer.

Gerunzelte Stirn und gerichteter Blick sind zwar meistenteils das Zeichen des Nachdenkens, können aber so täuschend geschauspielert werden, daß Urteile recht vorsichtig zu fällen sind. Runzelt jemand spontan die Haut der Stirn zwischen den Augenbrauen, so muß auch daß noch nicht ein Zeichen gehaltvollen Denkens sein. Es ist ein Zeichen der Konzentration. Die Konzentration kann sich aber auch auf ein Ärgernis richten, dann sind die Runzeln geradewegs ein Zeichen des Seelenzustandes. Oft ist dieses Runzeln ein frühes Warnzeichen, daß den aufmerksamen Beobachter hellsichtig machen sollte. Er muß seinerseits einiges tun, damit der Ärger nicht ausbricht, oder das Gespräch wendet sich zu seinen Ungunsten. Drohender Ärger wird hin und wieder von Seufzern begleitet. Taucht dieses zusätzliche Warnzeichen auf, dann ist es allerhöchste Zeit, den Kurs zu wechseln oder das Gespräch zu beenden.

Hand und Gesicht müssen zusammen beobachtet werden. Folgt der Blick der Richtung, die die Nasenspitze nach oben in die Luft macht und legen sich dabei die Fingerspitzen aufeinander, dann wird aus einem Gespräch alsbald ein Monolog. Der Sprecher will sich nicht mehr austauschen, sondern erwartet nur noch, daß ihm die Hörer in seinen Gedanken folgen.

»Hand-Gesichts-Geste«

Eine Hand, die sich über den Mund schiebt, zeigt an, daß Worte am liebsten ungesprochen geblieben wären, besonders dann, wenn der Blick kurz den Hörer streift. Der Sprecher wünscht sehnlichst, daß der andere mal eben gerade nicht so genau hingehört hat. Auch wer während längeren Sprechens die Hände vor dem Mund hat, sagt mehr als die Worte, die er von sich gibt. Er möchte am liebsten die Worte zurückhalten, verzögern, nur langsam heraustreten lassen. Er ist sich unsicher. Mitunter liegt nur ein Finger leicht über einem Mundwinkel und der andere über dem Kinn. Achten Sie auf solche Hand-Gesicht-Gesten: Da ist jemand in starken Zweifeln. Mitunter hält man die Hand nur zeitweise vor den Mund und zeigt damit deutlich Dritten in der Nähe, daß hier etwas für sie Interessantes besprochen wird, sie es aber nicht hören sollen oder dürfen.

Im allgemeinen gilt der Kopf des Menschen als Sitz des Verstandes, der Vernunft und der »Einsicht«. Man greift sich deshalb wohl an den Kopf, wenn man etwas vergaß oder einen Fehler beging. Gleichsam als wollte man sich vergewissern, ob der Verstand noch an seiner Stelle sei. Der Schlag vor die Stirn kann zudem noch als Ersatz für den eigentlich fälligen Schlag hinter die Ohren sich selbst verabreicht werden. Ein anderer rauft sich die spärlichen Haare, so als ob der fehlerhafte Verstand gewaltsam zurückgerückt werden soll. Besonders an unbeherrschten Menschen können solche Gesten häufiger beobachtet werden. Streicht sich jemand über die Stirn, so mag er damit die Bewegung des Abwischens von Schweiß nachvollziehen. Diese Geste heißt dann: Das war eine schwere Arbeit, aber wir haben sie nun hinter uns.

»Hand-Gesicht-Geste«

Solche Gesten entspringen oft reiner Verlegenheit, wie auch das Kratzen am Kopf oder hinter dem Ohr eine gewisse Ratlosigkeit andeuten.

Das Kratzen hinter den Ohren scheint überdies der forschenden Wissenschaft einige Rätsel aufzugeben. Es ist auch in der Tierwelt weit verbreitet, wie Sie an Ihrem Hund, Ihrer Katze, ja an Ihrem Wellensittich sehen können. Ich habe sogar schon Kühe auf der Weide beobachtet, die sich mit dem Hinterbein (oder sagt man da -lauf?) hinter den Ohren kratzten.

Wenn Hände die Augen völlig bedecken, so wendet sich der Mensch nach innen. Es gibt Gebetshaltungen, die so aussehen und wir können es auch an intensiv Nachdenkenden beobachten. Der Mensch empfängt, wie Informationstheoretiker behaupten, etwa 500 Millionen bit an Informationen sekündlich über sein Gesichtsorgan, nimmt nur etwa 16 bit davon bewußt wahr und speichert gar nur 0,05 bit am Gedächtnis. Welche Verschwendung der Natur. Wie dem auch sei, durch Abdecken der Augen verhindert man Gesichtseindrücke vollständig und hält den Geist frei, zunächst die bereits aufgenommenen Informationen zu verarbeiten. Meist unterstützt man die damit zugleich versuchte körperliche Entspannung dadurch, daß die Ellbogen auf den Tisch gestützt werden. Deckt jemand die Augen nur mit einer Hand ab, so kann das heißen, daß er ein unangenehmes Bild abwenden möchte. Erschrecken über Anblicke drückt sich so aus. Das gilt auch für Bilder, die lediglich in der Vorstellung auftreten. So wie mancher sich nichtvorhandenen Schweiß von der Stirn wischt, versucht ein anderer, durch Reiben der Augen nichtvorhandene Fremdkörper zu entfernen. Auch diese Geste deutet an, daß man etwas Störendes beseitigen, etwas Lästiges entfernen möchte.

Als letzte Betrachtung in diesem Zusammenhang und Überleitung zum neuen Thema: Beißen.

Wer sich in den Finger beißt, kann damit sowohl hohe Konzentration als auch tiefe Verlegenheit andeuten.

Unter anderem: Verlegenheit

Konzentration kann man sehen. Wir sprechen jetzt nicht vom Ergebnis konzentrierter Arbeiten, daß eigentlich immer ein gutes sein sollte. Wir sprechen vom Bemühen, sich auf ein Problem zu konzentrieren. In der Konzentration spannen sich mancherlei Muskeln. Bei falscher Konzentration sind es ihrer zu viel. Die Anspannung führt letztlich zum Krampf. Aber auch sonst können Sie sehen, daß sich insbesondere die Muskeln von der Oberlippe an aufwärts stärker anspannen. Die untere Gesichtshälfte bleibt oftmals völlig locker. Bei wenigen pressen sich die Zähne aufeinander. Ein älterer Herr erzählte einmal, daß er nun schon zum neunten Male seine Zahnprothese reparieren lassen müsse, weil er beim Autofahren die Zähne so stark aufeinanderbeiße, daß ein Schaden unvermeidbar wäre. Vermeidbar bei guter Konzentration ist hingegen die Anspannung der Kaumuskeln und unteren Kieferpartie. Sehen Sie hier Spannung, dann ist die Konzentration viel zu willentlich und letztlich überhaupt nicht eingestellt. Man sucht gewissermaßen einen Halt und glaubt ihn in den zusammengepreßten Zähnen gefunden zu haben.

Bemerkt der sich Mühende den Fehlschlag, so wandeln sich plötzlich die Zeichen. Zunächst läßt er vielleicht ein halblautes Räuspern hören, um sich gewissermaßen selbst zu ermahnen. Auch wenn andere ermahnt werden sollen ist dieses Geräusch zu hören. Vielleicht geht es über in das Schnalzen mit der Zungenspitze, welches ebenfalls Selbstermahnung oder die Entrüstung über anderer Tun sein kann. Aufreißen und Offenhalten des Mundes sind nicht nur Zeichen des Erschreckens, sondern zeigen gelegentlich Verlegenheit an. Man verhält kurz den Atem und läßt ihn dann betont ausströmen. Geschähe das mit geschlossenem Mund, also durch die Nase, dann hieße es: »Habe ich nicht Recht gehabt?« und drückt verhaltenen Ärger über ein nicht-mehr-zu-Änderndes aus.

Der Mund kann mehr als nur offen stehen bleiben oder Worte und Laute artikulieren; er kann zum Beispiel kauen. Kauen am gebeugten Finger (vollziehen Sie es mal nach), auf einen mit dem Nagel nach unten gerichteten Daumen, oder am Ende des Schreibstiftes ist ebenfalls häufig Verlegenheit.

Es kann aber auch die Bestätigung einer gerade vollzogenen Aussage sein. Man ist verlegen, versucht sich selbst durch Bestätigung zu beruhigen und erwartet nun von anderen, daß sie ein Gleiches tun.

Und wie zeigt sich, wenn der andere so denkt wie Sie es von ihm erwarten? Er lächelt und blickt Ihnen für kurze Zeit fest in die Augen.

»Verlegenheitsgeste«

Verlegenheitsgesten gehen fast immer zum Mund. Mitunter nur in die Richtung. Sie stoppen vielleicht in Halshöhe, es sieht so aus wie ein kleines »Hände-hoch«. Manche Menschen verdecken den Mund auch nur, weil sie einen schadhaften Zahn nicht sehen lassen wollen. Mitunter könnte es auch sein, daß sie schlechten Mundgeruch den Austritt verwehren. Hinter vorgehaltenen Händen kommt es dann zum schon erwähnten Räuspern. Angst oder Verlegenheit hat die Muskulatur um den Kehlkopf herum verkrampft. Wir wissen ja, daß in Gefahrensituationen der Mensch die empfindlichen Körperpartien zu schützen sucht. Der Hals mit Kehle und Hauptschlagader gehört zweifellos dazu. Nun hat man das Gefühl, daß sich dort im Hals etwas ansammelt, etwas stecken geblieben ist, daß man durch Räuspern entfernen kann. Wie oft bekamen wir etwas nur symbolisch in den falschen Hals, dann räuspert man sich, um es zu entfernen und sein Mißfallen kundzutun.

Man mag bezweifeln, daß zum Räuspern die Nase gehört. Schaut man hingegen Räuspernde an, so sieht man, daß sich zugleich die Hand zur Nase hin bewegt. Auch das Erfassen der Nasenspitze ist oft ein Zeichen der Verlegenheit, so wie es Bedenken und Mißbilligung ausdrücken kann. Vielleicht ging es früher einmal darum, unliebsamen Gerüchen den Eintritt in das Riechorgan zu verwehren. Im Zeichen ständig mißachteten Umweltschutzes kann diese Urfunktion schon längst wieder Bedeutung gewonnen haben. Manchmal liegt der ganze Zeigefinger parallel zum Nasenrücken, dann ist das nicht mehr Verlegenheit, sondern Zeichen des Nachdenkens. Auch hier ein vermuteter Sinn: Mit der so leicht zugedrückten und ausgerichteten Nasenöffnung konnte man Gerüche besser lokalisieren und ihnen auf die Spur kommen.

Auch heute noch muß man für so manches eine gute Nase haben.

Der an der Nase anliegende Zeigefinger erinnert zudem noch an die aufzeigende Geste und das ist sicherlich kein Zufall. Die von zwei Fingern zugekniffene Nase drückt gestisch aus, daß schlechtem Geruch der Eingang verwehrt wird. Geht sie jedoch in ein Streicheln des Nasenrückens und der -flügel über, so wird durch Verengung der Nasengänge und Anreiz der Geruchsnerven versucht, einen Geruchseindruck genauer zu definieren. Man versucht den Eindruck zu verstärken, um ihn besser erklären zu können. Auch diese Bewegung drückt darum Nachdenklichkeit aus und zeigt, daß hier jemand mit der Lösung eines Problems befaßt ist. Das überdies eine rote Nase der Ausweis des Weinkenners ist, muß als Gerücht abgetan werden. Es sind genügend Fälle bekannt geworden, in denen Schnapstrinker viel prächtigere Knollen besitzen.

Wohin mit Armen und Händen

Am sichersten scheinen die Hände in den Achselhöhlen geborgen zu sein, deshalb verstecken ängstliche Menschen sie dort, wenn ein Gespräch eine unangenehme Wendung nimmt. Andere lassen Hände und Unterarme vorsichtshalber gleich ganz auf dem Rücken, dann haben sie außerdem Gelegenheit, sich mit einer Hand am Gelenk der anderen festzuhalten.

Flegel und Frierende stecken die Hände in die Taschen und Aufdringliche fuchteln mit ihnen den Gesprächspartnern vor der Nase herum. Aber die anderen?

Am besten sieht es noch aus, wenn die Arme zwanglos am Körper herabhängen. Dann stehen die Hände sofort zur Verfügung, wenn sie etwas zeigen oder unterstreichende Gesten die Bedeutung des gesprochenen Wortes betonen sollen. Die Arme mit Händen an der Hosennaht fest am Körper anzulegen, muß beim Militär eine wichtige Bedeutung haben (mir ist sie bis heute noch nicht aufgegangen), im Gespräch wirkt solche Haltung albern und verkrampft. Sie zeigt Untertanengeist, ergebungsvolle Erwartung dessen, was der andere tut.

Wer die Arme im Gespräch auseinandernimmt, fast so als wollte er etwas umarmen und vielleicht dabei die Handflächen nach oben hin öffnet, erwartet einen Gewinn. Er möchte etwas einnehmen und sei es »nur« den Partner im Gespräch.

Von gekreuzten Armen im Gespräch war schon mehrfach die Rede: Defensivgeste. Die Abwehrhaltung wird noch verstärkt, wenn zu gleicher Zeit die Beine gekreuzt sind.

Und dann kommen die Gesten. Aktive Menschen setzen sie bewußt ein. Auch unkontrolliert signalisieren sie Aktivität, doch kann es auch zu negativen Eindrücken kommen, wenn aus der beherrschten Geste das unbeherrschte Gestikulieren wird.

Kennen Sie die unangenehme Geste der Bewegung von Daumen und Zeigefinger? Wenn es um das Zahlen geht, wird es immer unangenehm. Eine ganz ähnliche Bewegung können Sie bei Menschen sehen, die etwas erwarten. Das muß nicht unbedingt Geld sein.

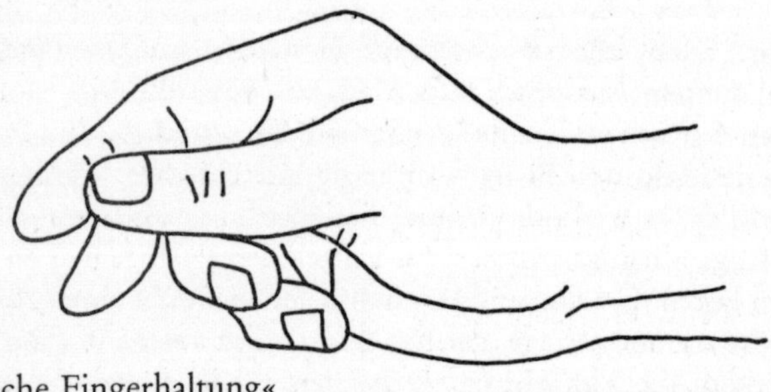

»Typische Fingerhaltung«

Die Münzenbewegungsgeste, bei der der auf dem ersten oder zweiten Glied des Zeigefingers sich reibend bewegende Daumen symbolisiert ,wie die Münzen nach und nach aus dem Handinneren nach außen befördert werden, treffen Sie häufig, wenn man von Ihnen etwas haben will.

»Verhandlungssituation«

Schauen Sie weiter auf sprechende Hände, so wie man dem Volk nach bekanntem Ausspruch aufs Maul schauen soll.

Sollten Sie bemerken, daß, während Sie sprechen, Ihr Partner die Hände leicht anhebt, so will er sie unterbrechen. Vielleicht ist er zu höflich, es wirklich zu tun. Sie jedenfalls haben wahrscheinlich zu lange allein gesprochen, Sie sollten den Partner mal zu Wort kommen lassen. Ein anderes Mal haben Sie vielleicht einen Partner, der so gut wie nichts sagt, der Sie gelegentlich anschaut, dann aber den Blick in die Luft richtet. Dabei hat er die Fingerspitzen zusammengelegt, so als ob die Hände zum Gebet aufeinanderliegen, doch an ihren Wurzeln weit voneinander entfernt sind. Dann Vorsicht! Dieser Hörer ist vielleicht gar keiner. Er läßt Ihre Worte vorbeiziehen, fühlt sich Ihnen überlegen, vielleicht ist er sogar überheblich. Sollten Sie keine Änderung seiner Haltung herbeiführen können, die sein auf Sie gewendetes Interesse ausdrückt, dann verschwenden Sie Ihre Zeit. Er wird zu einer Zeit, die er für gegeben hält, mit lange im voraus festgelegten Argumenten, die nicht einmal etwas mit Ihrer Sache zu tun haben müssen, Ihr Anliegen ablehnen.

Versierte Kinesiker entnehmen der Höhe der spitzdachartig zusammengelegten Hände sogar den Grad des Selbstvertrauens dessen, der diese Geste sehen läßt.

Männer reiben mit der flachen Hand die Wange. Frauen lassen eine besondere Handbewegung sehen, wenn sie etwas hören, daß ihnen weniger gefällt: Sie heben die Hand langsam zum Hals hin. Manchmal fällt das gar nicht auf, weil die Bewegung dazu führt, daß der Kragen zurechtgelegt wird oder man sich scheinbar vergewissert, daß Brosche oder Halskette noch an ihrem Ort sitzen.

»Kopf-Hals-Geste«

Männer die sich vergewissern wollen ob das, was sie hörten, wahr sein kann, ballen unwillkürlich die Hände. Manchmal wird auch die Maus der einen Hand mit Daumen und Zeigefinger der anderen gekniffen (diese Geste soll allerdings wiederum bei Damen häufiger vorkommen). Man kneift sich sozusagen, um festzustellen, daß man nicht träumt.

Neben den bisherigen Aussagen oder zusätzlich zu ihnen, deuten Hände (oder eine Hand), die vor den Augen liegt, an, daß hier ein zurückhaltender Mensch vor ihnen sitzt. Bei Verhandlungen kann das zu wissen besonders wichtig sein, denn diese Menschen muß man behutsam gewinnen. Ganz anders die oft erwähnte Schutzhaltung der vor der Brust gekreuzten Hände. Sie kann auch von einem Introvertierten eingenommen werden. Oft ist sie aber die bewußt eingesetzte Demonstration: »Nun komm doch erst mal an mich heran – ich bin wohlvorbereitet und auf der Hut!«

Da waren noch die Bösewichte, die fortlaufend an Ihnen herumfummeln, die Sie mit ihren dauernden Berührungen abstoßen, die zu glauben scheinen, Sie seien ein Punchingball. Bitte verwechseln Sie sie nicht mit anderen, die ab und zu eine Geste auf Sie zumachen, sich aber schnell wieder zurückziehen. Es kann sich dann um den Ausdruck handeln: »Ich brauche Dein Vertrauen, will Deine Nähe, benötige Kontakt, bitte, gewähre ihn mir!«

Innere Konflikte zeigen sich unweigerlich in besonders zahlreichen Gesten. Wer nichts erkennen läßt, kann nur ein Genie in der Selbstbeherrschung sein oder hat psychische Störungen. So finden Sie denn bei Menschen mit starken inneren Spannungen das früher genannte Kopfkratzen und Nackenreiben; ein Ziehen an den Ohren oder Zupfen an der Nase. Man sucht inneren Halt, indem man sich außen irgendwo festhält und sei es an der eigenen Kleidung oder am eigenen Körper. Auch Spielen mit Gegenständen oder fahriges Zucken der Finger weisen auf innere Spannungen hin. Werden solche Spannungen nicht abgebaut, kommt es gar zu einem Stau, so kann auch gelegentlich eine urplötzliche Entladung folgen. Dann schlägt jemand, der sonst die Ruhe selbst ist, mit der Faust auf den Tisch oder feuert den nächstliegenden Gegenstand an die Wand. Von besonders starker Erregung zeugt es, wenn nach Gegenständen getreten wird. All solche Handlungsweisen sind Warnzeichen, Warnzeichen für den Gesprächspartner. Das bekannteste, auch von Laien sofort richtig gedeutet, ist wohl das Ballen der Fäuste. Wer die Fäuste ballt, setzt sich in körperliche Spannung. Mit dem Schließen der Hände zur Faust werden, über Unterarm und Oberarm bis in den Rumpf hinein, große Muskelpartien verhärtet. Es greift die Muskelspannung auf die Bauch- und Atmungsmuskulatur über, die Atmung stockt. War der Ausgangspunkt des ganzen Geschehens vielleicht nur ein momentaner Ärger, eine kleine Verstimmung, so wirken nun die körperlichen Spannungszustände auf das Seelische zurück. Ärger und Unmutsgefühle wachsen. Kurz über lang schießt die Spannung Aktivitäten ab. Wenn Ihnen nichts daran liegt, Ihren Partner derart zu reizen, dann achten Sie auf die ersten Zeichen und wirken Sie ihnen entgegen.

Die Faust ist ein Zeichen dafür, daß sich jemand zum Kampf bereitmacht, ein Teil der einzunehmenden Bereitschaftsposition. Fäuste sind Sinnbilder des Tatwillens. Die Greifhand mit ihren feinen Einzelelementen wird zusammengezogen zu einem keulenähnlichen Werkzeug. Auch der für den Beginn von Boxkämpfen typisch leicht zur Seite gedrehte und zurückgenommene Kopf drückt mitunter Kampfbereitschaft aus (auch wenn nicht die Fäuste zugleich geballt werden). Kann man dem anderen nicht ans Leder, dann wird notfalls der Tisch geschlagen. Die Energie entlädt sich auf den nächstgelegenen Gegenstand. Wer etwas kultivierter ist, vermeidet die barbarische Faust und schlägt mit der flachen Hand auf den Tisch. Bereits die oberhalb der Tischfläche in schnellen vertikalen Bewegungen auf und abgeführte flache Hand verrät Gereiztheit. Werden solche Bewegungen langsamer und münden in betontes festes Auflegen der Hand, so ist von ihnen abzulesen, daß sich der Mensch wieder in die Gewalt gebracht hat. Nicht jeder Faustschlag auf den Tisch ist Zeichen von Zorn. Plötzliche Überraschung führt gelegentlich zu Schlägen, die nicht selten auf dem eigenen Oberschenkel landen. Auch ohne daß der Mensch ein Wort sagt, verrät er seine Überraschung in solchen Bewegungen. Mitunter landet eine Hand in der anderen. Wer sich zu beherrschen versucht, führt diese Gesten letztlich nur noch angedeutet durch.

Ein betont langsames Zusammenführen der Hände gilt dagegen nicht als Ausdruck der Überraschung, sondern des Unwillens, der Ungeduld, sagt: »Ist denn so etwas überhaupt möglich?« Eine Bereitschaftsposition ist es auch, wenn jemand die Hände in die Hüften stemmt. Er stellt sich damit meist in Positur, holt betont Luft und legt los. Wie der Cowboy aus der Hüfte die Pistole zieht, so wird aus dieser Position gelegentlich der Zeigefinger gezogen und bewegt sich auf den Kontrahenten zu. Strafpredigten rollen in dieser Stellung ab.

Beschäftigt jemand hingegen innerhalb eines Gespräches plötzlich seine Finger durch Herumkramen in Papieren oder mit sinnlosen kleinen Tätigkeiten (Aufnehmen und Absetzen von Gegenständen), so gibt er dem Gesprächspartner damit das Signal, daß er sich jetzt anderen Dingen zuwenden muß, keine Zeit oder kein Interesse mehr für das Gespräch habe. Auch urplötzlich verschränkte Arme setzen einen solchen »Schlußpunkt«. Alle unkontrollierten Bewegungen oder im Zusammenhang mit dem Gespräch unnötigen Tätigkeiten signalisieren Ungeduld. Bemerkt ein Partner aber an Ihnen Zeichen dafür, daß Sie seinen Worten nicht aufmerksam genug folgen, so kann er das durch Gesten ausdrücken, indem er die Hände leicht erhoben nach außen bewegt oder mit ihnen die Tischkante fest umklammert und sich betont nach vorn beugt. Führt das nicht zum Erfolg, so erscheint wieder die Faust als Ausdruck, sich mit Gewalt durchsetzen zu wollen. Bei den bisher erwähnten Fäusten liegt der Daumen fast immer außen. Wird er von der Hand umschlossen, so ist Verkrampfung im Spiel. Da besonders der Daumen ein Zeichen der Kraft und Gewalt ist, zeigt die Faust, die ihn umschließt, daß ihr Besitzer zwar gern möchte, doch sich nicht traut.

Kampfflieger, die nach Luftsiegen aus der Maschine stiegen, deuteten ihren Erfolg oft mit dem aus der Faust aufragenden Daumen an. Eine Geste, die Glück (Sieg/Leben) bedeutet.

Als Werkzeuge konstruiert, mit denen wir nahezu jede Tätigkeit ausführen können, sind Hände besonders aussagekräftig. Es kann lohnen, das ganze Augenmerk anfangs auf Hände zu legen. Ob in Bewegung oder in Ruhe gehalten, sie sagen immer etwas aus. Mal werden sie verschlungen und verraten, daß sich jemand hier selbst bestätigen möchte. Ein anderes Mal deuten sie gleiches durch knetende Bewegungen aus, egal ob etwas zum Kneten da ist oder nicht.

Ein anderer schiebt die Nagelhaut zurück oder beschäftigt sich intensiv mit seinen Fingernägeln und verrät damit, daß er auf Zustimmung von anderer Seite wartet. Dann wiederum suchen die Hände nach Berührungspunkten – man will sich selbst beruhigen. Berühren sie hingegen den anderen, so soll dieser vielleicht besänftigt werden. Schauen Sie auf Hände, zunächst ab und zu auf die eigenen. Vollziehen Sie die hier besprochenen und abgebildeten Gesten nach und überprüfen Sie dabei, ob sich nicht die genannten Empfindungen zugleich einstellen.

Was es sonst noch zu beachten gilt

Besonders aufschlußreich sind Beobachtungen von Gesprächen anderer in kinesischer Sicht. Wenn man selbst nicht zu den Akteuren gehört, sondern sich ganz auf Äußerungen konzentrieren kann, läßt sich Körpersprache leichter verstehen. Sie wissen, daß das in die Hand gestützte Kinn eine Geste des Nachdenkens, des Abwägens ist. Bei ihr wird der Mittelfinger gekrümmt unter das Kinn gelegt, der Ellenbogen aufgestützt, das Kinn von Daumen und Zeigefinger umschlossen. Nehmen aber zwei sich gegenüber sitzende Partner diese Haltung ein, dann ist es ziemlich sicher, daß sie sich gegenseitig belauern, nach einem Angriffspunkt suchen.

Wir waren uns schon klar darüber, daß es in Gesprächen besonders wichtig sei, alle Teilnehmer zu Wort kommen zu lassen. Ist jemand ins Hintertreffen geraten und möchte nun auch mal endlich was sagen, so zeigt sich das an Unterbrechungsgesten. Die schon erwähnte leicht erhobene Hand gehört dazu. Auch der andeutungsweise in die Höhe gerichtete Zeigefinger ahmt das »sich-Melden« in der Schule nach. Ebenso kann ein Zupfen am Ohr den Sprechwunsch anmelden. Achten Sie darauf, damit man Sie nicht an Ihrem Ohr zupfen muß, wenn Sie berechtigte Wünsche Ihrer Mitmenschen mißachten. Werden Meldungszeichen nicht beachtet, so kann die Hand dessen, der nicht zu Wort kommt, auch über die Augen rutschen und stille Ergebenheit dokumentieren. Oder sie rutscht sogar kurz über die Stirn und ist dann fast gleichbedeutend, als hätte man

»Hand-Gesicht-Gesten«

an die Stirn getippt. Bei solchen Bewegungen kann alles sehr schnell wechseln, eine Bewegung in die andere übergehen. Ob eine Hand-Gesicht-Geste nur das Zeichen hoher Konzentration ist, erkennt man am besten an den Augen, die in diesem Falle leicht blinzeln. Eine besondere Aussage hat nicht selten das Spielen mit dem Ehering. Während grob jede Art nervöser Betätigungen auf Mangel an Konzentration und Interesse an dem, was der andere sagt hinweist, verrät diese zusätzlich Unzufriedenheit. Der Ring wird vom Finger gezogen und wieder aufgesteckt, so als ob man sich aus einer Fessel lösen möchte. Es kann sogar wirklich auf eine disharmonische Ehe hindeuten, aus der man am liebsten ausbrechen würde. So wie hier durch Entfernung des Ringes etwas ausgerissen werden soll, kann es in größerer Geste auch zu dem Versuch kommen, dem anderen das Wort zu entreißen. Das drückt sich dann darin aus, daß der Gesprächspartner am Ärmel zupft oder beim Unterarm faßt. In seltenen Fällen greift einer auch in die leere Luft, als ob er dort das Wort, welches er begehrt, packen könnte.

Solcher Gesten ist sich der, der sie ausführt, im allgemeinen nicht bewußt. Sie sollten ihm aber doch ins Bewußtsein gebracht werden, da viele Menschen auf dererlei Berührungen sauer reagieren. Zumindest werden sie als unangenehm, unsympathisch, peinlich empfunden. Es kann auch sein, daß sie gar nichts nutzen. Wenn jemand monologisieren will, so läßt er sich das Wort nicht nehmen oder reißt es unmittelbar nach der als Störung empfundenen Abgabe an andere wieder an sich zurück. In besonders unhöflicher Form können Sie solches Gebaren bei den heute so beliebten Talk-Shows sehen. Es verwundert mich immer wieder aufs neue, wenn Menschen, die dort vor Millionen Zuschauern agieren (und meist zu den sogenannten »besseren Leuten« gezählt werden), primitivste Regeln des Taktes verletzen, anderen ins Wort fallen, sie beim Arm packen und im Gespräch mit den Händen herumfuhrwerken, wie man es selbst beim Redner vor großem Auditorium nur in beschränktem Maße ertragen kann.

In diesem Fall haben wir es mit einer unhöflichen Aufmerksamkeit zu tun, die sich viel weniger auf das richtet, was der andere sagt, als vielmehr darauf, die eigenen Gedanken loszuwerden. Die aber sind durchaus nicht immer so brillant, wie die Sprechenden meinen.

Nebenbei bemerkt, es gibt auch eine höfliche Unaufmerksamkeit. Sie zeigt sich darin, daß man einen Menschen gerade so lange an-

»Gestikulation«

schaut, bis er es merkt und damit weiß, daß man ihn als Menschen akzeptiert. Sodann schaut man schnell wieder weg, um jenem Anderen das Gefühl zu nehmen, man trete ihm zu nahe oder wolle ihn gar belästigen. Diese höfliche Unaufmerksamkeit sollte praktiziert werden, wenn man Fremden nicht ausweichen kann. In Verkehrsmitteln, in Wartezimmern, in der Öffentlichkeit, wirkt zu starke Aufmerksamkeit, die auf Fremde gerichtet wird, als aufdringlich und belästigend, völlige Nichtbeachtung als arrogant und überheblich. Nur dem Menschen, dem man deutlich zeigen will, daß man ihn für gering oder ein Nichts hält, macht man dies mit einem leeren Blick bekannt. Das soll aber beileibe keine Empfehlung sein.

Leute, die z. B. in der Eisenbahn zu arbeiten pflegen (Ihre Gilde ist in den letzten Jahren beträchtlich gewachsen) deuten mit leerem Blick an, daß man sie gefälligst in Ruhe lassen solle. Einsichtige und vernünftige Menschen stören einen Arbeitenden ohnehin nicht ohne zwingenden Grund. Uneinsichtige und Törichte hingegen wissen auch nichtverbale Signale nicht zu deuten. Denen muß man es deutlich sagen, was man will, beispielsweise jetzt in Ruhe arbeiten.

Nun sind wir allmählich den ganzen Körper abwärts gewandert. Dem Rumpf schenkten wir nicht viel Aufmerksamkeit, er kann ja auch bei weitem nicht so viel ausdrücken wie Gesicht und Hände. Auf seine Richtung sollten Sie gelegentlich achten. Was es besagt wenn er ihnen zugewendet oder abgewendet ist bedarf hier keiner langen Erklärung mehr, daß liegt ja schon in den Wörtern Zuwendung und Abwendung. Schauen wir noch ein wenig auf die Beine. Das tun Herren bei Damen ohnehin. Doch gilt dann das Interesse mehr den Formen als der Haltung. Uns geht es um die Haltung, womit nun wieder nicht gesagt sein soll, daß jeder eine hat.

Am auffälligsten sind ja wohl übereinandergeschlagene Beine. Verbunden mit verschränkten Armen können sie Abwarten bis Ablehnung zeigen. Besonders wenn der frei hängende Fuß wippt, ist diese Tendenz spürbar.

»Übereinanderschlagen der Beine«

Schlagen zwei, wenn sie sich setzen, das erste Mal die Beine übereinander, dann achten Sie auf das obenliegende Knie.

Weist es auf den Partner, so ist man ihm gegenüber wahrscheinlich aufgeschlossen, weist es vom Partner weg, kann das Gegenteil der Fall sein. In einer Gruppe von Nebeneinandersitzenden lassen sich so schon Sympathien und Antipathien erahnen. Später wechselt man, je nach Temperament, hin und wieder oder häufig das überschlagene Bein. Dann ist die Haltung nicht mehr aussagekräftig.

Sitzen zwei parallel nebeneinander, haben die Beine übergeschlagen und die Oberkörper sich zugeneigt, dann können Blickrichtung und Knie deutlich auf den zeigen, über den gerade gesprochen wird. Haben sie außerdem die obenliegenden Kniee auf der Partnerseite, dann bilden sie außerdem eine Art Zusammenschluß, der gegen Außenstehende abschirmt.

Man denkt in gleicher Richtung, hat gemeinsame Gedanken, die Dritte nichts angehen, auch, oder gerade dann, wenn über diese Dritte gesprochen (sprich: geklatscht) wird.

Sitzen soll die Beine entlasten. Es gibt zwar die Meinung, daß es zugleich die unnatürlichste Haltung sei, die man einnehmen könne und es viel besser wäre zu stehen oder ... zu liegen. Es wird dennoch weitergesessen. Steht aber jemand unvermittelt auf (das kann sogar im Alleingang des Telefonierens zu beobachten sein), so ist das ein Signal. Plötzliches Aufstehen zeigt Überraschung. Ob die Überraschung freudig, also positiv, ist oder negativ, wenn man sich ärgert, schockiert, brüskiert fühlt, weiß man noch nicht. Es gibt auch Menschen, die einfach aufstehen, wenn sie etwas langweilt. Man sollte das nicht übel nehmen, sondern die Ehrlichkeit durch Themawechsel honorieren.

Wer fast demonstrativ gemächlich die Beine übereinanderlegt, sich vielleicht dabei scheinbar wohlig im Sessel zurücklehnt, sagt damit deutlich, daß er sich völlig Herr einer Situation fühlt. Diese Geste wird manchmal dick unterstrichen.

Das geschieht durch die Arme, die ein Mann hinter seinem Kopf verschränkt. Es ist eine typisch männliche Haltung. Frauen vermeiden sie, wenn auch zumeist unbewußt, weil dadurch die Brust zu stark in den Blickpunkt gerichtet wird und diese Haltung dann alles andere als graziös wirkt.

Frauen legen dann eher die Hände weit abgestreckt seitlich auf die Sitzfläche (des Möbels natürlich).

Wenn ein Mensch, der bislang nach vorn gebeugt dasaß und durch Handgesten seine Aktivität unterstrich, sich plötzlich zurücklehnt und die Beine übereinanderschlägt, so kann das heißen, daß er nun in die Defensive geht. Solche Haltung im Äußeren wie im Inneren wird unterstrichen durch verschränkte Arme. Sollte er sich außerdem noch vom Gesprächspartner, dem er so lange frontal gegenüber saß, in der Hüfte abdrehen, dann ist kein Zweifel mehr möglich: Hier hat jemand aufgegeben. Sie werden es durch die verbale Kommunikation bestätigt finden. Die Fragen und Ausführungen sind nicht mehr präzise und absichtsbezogen, sondern er wendet sich Belanglosigkeiten zu. Ganz anders der Sprechende, der seinen Worten Nachdruck verleihen möchte. Er rückt noch weiter auf dem Stuhl vor, muß dazu die Oberschenkel etwas auseinandernehmen, den Kopf vorschieben oder den Rumpf beugen. Es wechseln dann heftig gestikulierende Hände mit druckvollem Abstützen auf den eigenen Oberschenkel. Mitunter gehen die Füße dabei auch in die Position eines Läufers vor dem Start.

Der derart Bedrängte könnte nun sehr mißtrauisch werden. Sollten Sie vermuten, daß ein Gesprächspartner von Ihnen auch ein wenig Ahnung von der Körpersprache hat, dann vermeiden Sie diese Haltung – auf jeden Fall solange, als es Ihre ehrliche Absicht ist, den anderen mit Argumenten zu überzeugen.

Nehmen wir jedoch an, Ihr Temperament hat Sie schon in diese Lage gebracht, dann muß besonders aufmerksam auf die Reaktionen geachtet werden. Besteht sie vielleicht darin, daß sich der Angesprochene zurücklehnt (also den ursprünglichen Abstand wieder herzustellen sucht) und gar noch die Fingerspitzen zusammenführt, dann stoßen Sie auf wenig Gegenliebe. Ein besonders deutliches Zeichen, sich Ihren Gedanken nicht unterwerfen zu wollen, besteht dann vielleicht darin, daß sich Ihr Partner bewußt die Kleidung ordnet, z. B. offene Jacken- oder Taschenknöpfe schließt. Er verschließt im gleichen Zuge sein Inneres gegen das was Sie sagen, wenn nicht sogar gegen Ihre ganze Person. Die damit verbundenen unfreundlichen Blicke brauchen Sie nicht mehr wahrzunehmen, um im Bilde zu sein.

Wenn etwa potentielle Käufer sich mit verschränkten Armen

und übergeschlagenen Beinen zurücklehnen, dann wird es ein Verkäufer nicht leicht haben.

Eine Haltung, die sich längere Zeit nicht ändert und damit zu erstarren droht, ist ebenfalls negativ zu deuten. In Kindern können Sie es deutlich sehen, daß auf diese Weise Tätlichkeiten unterdrückt werden. Wer vor Größeren oder Kräftigeren kuschen muß, versucht es wenigstens noch mit der Drohhaltung. Bei Erwachsenen sagt die starre Haltung auch etwas über die Gesinnung, mit der man sich gegenübertritt, es ist keine gute. Hat jemand in seiner Sitzhaltung die Füße fest auf der Erde und ist bei gerader Haltung auf den Stuhlrand zugerutscht, so brauchen Sie nur noch nach wenigen Zeichen der Sympathie oder des Interesses zu suchen, die Einigungsbereitschaft wird vorhanden sein.

Beine, die sich unruhig bewegen und das damit oft zu beobachtende Rutschen auf dem Stuhl, zeigen an, daß man am liebsten davoneilen möchte. Mitunter drückt man sich dabei mittels der auf dem Rücken gekreuzten Hände von der Stuhllehne ab. Da hinter dem Rücken gehaltene Hände ohnehin meist Unbehaglichkeit oder Suche nach Halt demonstrieren, wird noch deutlicher, daß dem Partner die ganze Situation sehr unangenehm ist.

Leute, die ausgesprochene Angst haben, lassen diese nicht selten durch gekreuzte Füße, also aufeinanderliegende Knöchel, erkennen. In Wartezimmern von Zahnärzten oder in Gerichten sehen Sie diese Haltung des öfteren. Auch der ob eines Fehlers zum Vorgesetzten gerufene Schuldbewußte sitzt so da.

Es sprechen also auch die Beine oder haben ihren Anteil an den Äußerungen der Menschen. Man sagt, wer fest auf beiden Füßen steht, sei in sich gefestigt. Es kann aber auch sein, daß sich jemand mit leicht gespreizten Beinen hinstellt, weil er Halt sucht. Matrosen auf schwankendem Schiff stehen so, um in sich selbst Halt zu finden. Auch wer des seelischen Haltes bedarf, kann eine ähnliche Stellung einnehmen. Menschen, die wirklich sicher sind, verlagern gern das Gewicht von einem Bein auf das andere. Um unsere Beobachtungen zu erschweren gibt es jedoch auch hier den Typ, der durch häufigen (zu häufigen) Stellungswechsel die Sicherkeit nur vortäuscht. Menschen, die arglos, vertrauensselig bis zur Naivität hin sind, stehen gern mit lockeren Beinen da. Steifheit der Beine ist hingegen nicht selten mit übersteigertem Selbstgefühl oder Mangel an geistiger Beweglichkeit gepaart.

7. KAPITEL

Herr Mayer, bitte zum Chef! Verhalten gegenüber Autoritäten

Vor der Tür und in der Tür

In Filmateliers leuchtet, wenn gedreht wird, ein Schild auf: »Ruhe bitte – Aufnahme!« Wer es aufnehmen, auf sich nehmen muß, zu einer sogenannten Autoritätsperson (bei allen Diskussionen: es gibt sie ja doch noch) gerufen zu werden, müßte ein ähnliches Schild in sich aufleuchten lassen: »Ruhe!« Vor der Tür holt man tief Luft, je ängstlicher, desto tiefer. Dadurch weitet sich der Brustkorb, der ganze Körper richtet sich auf und zeigt ein Bild der Erhabenheit. Der Chef, der alte Fuchs, zu dem der Aufgeblähte gleich ins Zimmer tritt, wirft nur einen Blick auf den Eintretenden und hat den (gewünschten) Einblick. Vor dem Eintritt liegt das akustische Zeichen des Einlaßbegehrens, das Anklopfen. Schon an der Art des Anklopfens zeigt sich einiges. Vom schüchternen Antippen bis zum Donnerschlag findet sich die große Skala der Klopflautstärken. Wie immer, oder doch meistens, liegt das Gute in der Mitte, weder schüchtern, noch polternd, vernehmbar, doch nicht dröhnend, sollte angeklopft werden. Genug davon. Interessant ist für uns die Zeit zwischen Klopfen und Eintritt. Ist sie sehr kurz, so hat, oder möchte doch haben, der Eintretende einiges Ansehen. Der Gleichrangige meldet sich so an. Läßt der Klopfer an der Tür besonders lange Zeit vergehen, so fühlt er sich unterlegen oder nimmt bewußt in der Hierarchie einen tiefen Stand ein. Ganz ähnliche Beziehungen bestehen zwischen Klopfzeichen und Antwort des Hereinbittenden. Läßt er sich viel Zeit, so deucht er sich hochstehend, antwortet er spontan, so hält er nicht viel von seinem Rang. Nun tritt da wer ins Zimmer. Nein, vorsichtshalber bleibt er erst mal stehen und wartet, bis man ihn näherbittet. Das heißt, er tut es, wenn er ängstlich ist. Der Forsche tritt schnellen Schrittes näher, vielleicht gehört er zu denen, die anderen schnell zu nahe treten. Sind Sie der Boß, der hereinbat? Dann schauen Sie sich mal ein paar andere Merkmale an (von denen, die wir früher erwähnten): Hat Ihr Mann die Hände hinter dem Rücken? Was will er wohl verbergen? Hat er die Arme verschränkt? Wovor will er sich schützen? Ist seine Grußgeste offen? Oh, Sie können mit den bisherigen Kenntnissen schon sehr viel erkennen.

»Haltung eines Eintretenden«

Sie sind nicht der Boß, sondern der Eintretende? Na, dann schauen Sie mal, wie der Alte gelaunt ist: Liegt er mit feindlichem Blick weit im Stuhl zurück und hat gar die Arme verschränkt? Na, dann wissen Sie ja Bescheid. Hat er die Hände auf dem Tisch, den Oberkörper vorgebeugt und fordert mit kurzer Geste zum Platznehmen auf, dann geht es um ein wichtiges oder eiliges Problem, das der Lösung harrt.

Vielleicht kratzt er sich auch am Hinterkopf, weil er nicht weiß, wie er Ihnen etwas Heikles schonend beibringen will. Gehen die Augen etwas auf, wenn er Sie erkennt (... vorher nicht wußte, daß Sie der Anklopfende sind), dann finden Sie wahrscheinlich das offene Ohr, daß Sie nicht finden, wenn er die Augen unwillkürlich zusammenkneift. Mal abgesehen davon, was Sie sagen, lassen Sie nicht durch eine Fluchtposition erkennen, daß sie »gern« später nochmal wiederkommen, wenn Sie Ihr Anliegen loswerden wollen. Zeichen der Unsicherheit werden leicht erkannt und von starken Charakteren unweigerlich ausgenutzt. Ihre Haltung darf nicht von vornherein ausdrücken: »Wenn es jetzt nicht recht ist, komme ich nochmal wieder.« Das tut sie aber, wenn Sie halb zur Tür und halb zum Besuchenden gedreht sind oder wenn Sie den Oberkörper betont zurücknehmen. Zweifellos ist auch die Haltung, die ausdrückt: Sie haben doch sicher schon auf mich gewartet? nicht die angemessene, wenn man mit Bitten oder Wünschen zu Vorgesetzten ins Zimmer tritt. Übersteigern Sie deshalb die Grußgeste nicht und stürmen Sie nicht auf den anderen ein. Schlecht ist es auch, in der halbgeöffneten Tür stehenzubleiben und erste schüchterne Fragen anzubringen. »Rein oder raus!« möchte dann mancher schreien. Am willkommensten wird der Besucher sein, der natürlich auftritt, unmißverständlich sagt, welches Anliegen er hat und dabei so wenig wie möglich Zeit braucht. Daß die Willkommenheit auch mit Ihrem Anliegen etwas zu tun hat braucht, weil selbstverständlich und nicht zum Thema der Körpersprache gehörend, weiter nicht betont werden.

Zeit ist Geld heißt es – gehen Sie nicht nur mit Ihrer eigenen, sondern auch mit der Zeit anderer sparsam um.

Treten Sie näher, doch nicht nahe

Da sind wir wieder bei den Distanzen. Ob persönliche oder gesellschaftliche Distanz nach dem Eintreten eingenommen werden soll oder darf, hängt wahrscheinlich von den Beziehungen des Besuchers zum Besuchten ab. Meist wird die ranghöhere Person die Distanz bestimmen. Der Chef, der ins Zimmer seiner Mitarbeiter kommt, wird, wenn er will, auch hinter den Schreibtisch treten und mitten in das persönliche Revier vorstoßen. Wenn ein anderer gleiches versucht, will er damit die Führerrolle einnehmen. Gegenmaßnahmen treffen, wenn sie ihm nicht zusteht. Die Sitzweise des Zimmerinhabers sagt dem beobachtenden Besucher allerlei. Schwere Sitzmöbel und erhöhte Positionen zeigen, daß sich hier jemand erhöht und überlegen fühlt.

Unter Schreibtischen gibt es Zweckmöbel und Repräsentanzgebilde (unter anderen Möbelstücken auch). Braucht jemand arbeitstechnisch die große Tischfläche, dann können Sie aus deren Proportionen nicht viel entnehmen. Braucht jemand sie nicht und hat sie dennoch, so will er König in seinem Reich sein. Je mehr Distanz, per Möbel oder sonstwie, Besuchern aufgezwungen wird, desto größer der Herrschanspruch. Der Tisch befiehlt: Bis hierher, doch nicht weiter. Gleiches drückt ein Besuchter auch aus, wenn er den Besucher schon auf dem Weg zu seinem Platz mit der Frage nach dem Begehr aufzuhalten sucht.

Der wahrhaft Überlegene wartet, bis der andere mit der Sprache herausrückt. Nun ist es ja vielerorts, insbesondere in den Betrieben, so geordnet, daß man nicht so ohne weiteres an Autoritätspersonen herankommt. Vorzimmer und Voranmeldung wissen manches Treffen zu unterbinden. Kommt es dann doch zu dem Besuch, so wird man erwartet. Sollte der Erwartende bei Eintritt des Besuchers in seinen Papieren herumkramen, so tun als ob er erst noch ganz Dringendes zu erledigen hätte, dann soll dem Besucher signalisiert werden, daß er nicht lange stören darf, daß man eigentlich keine Zeit für ihn hat. Sehr ängstliche und sehr starke Charaktere machen dann besser auf der Stelle kehrt. Die ersten, weil sie doch nicht viel gewinnen können, die zweiten, um mit gleicher Deutlichkeit zu zeigen, daß sie schließlich auch wer sind.

Die Tiefe einer Verbeugung zeigt heute, wie zu Zeiten der Feudalherrschaft an, wie tief sich einer unterlegen fühlt oder wie sehr er sich erhaben deucht. Gleichrangige achten, während sie weit genug

»Sitzhaltung Besuchter«

auseinanderstehen, genau darauf, daß die Verbeugung bei beiden bis zum gleichen Punkt geht. Der eine, weil er sich nicht unterordnen will, der andere vielleicht, weil er im Partner von vornherein nicht ein Unterlegenheitsgefühl aufkommen lassen möchte. Manch Ranghöherer erweist mit der tieferen Verbeugung, daß er es sich leisten kann, dem anderen etwas entgegenzukommen. Schauen Sie aber eben mal hin, ob bei solcher Begrüßungsgeste nicht »zufällig« die andere Hand so in die Jackentasche gesteckt ist, daß gerade noch der Daumen herausweist. Das ist nämlich eine ganz typische Autoritätsgeste.

Wenn man Ihnen Platz anbietet, so ist das nicht reine Menschenfreundlichkeit. Der Sitzende will nicht, daß er von oben herab betrachtet wird. Sitzt er allerdings erhöht oder verringert der große Abstand optisch die Körpergröße, so kann es dem Besucher auch passieren, daß er stehenbleiben muß und ihm so deutlich gemacht wird, wie wenig von ihm zu halten ist. Wird Ihnen unhöflicherweise kein Platz angeboten, dann können Sie auch so unhöflich sein, sich auf den Schreibtisch zu stützen und sich vorbeugend die Distanz zu verkürzen, in das fremde Revier einzudringen und den anderen in die Rolle des Tieferstehenden (Tiefersitzenden) zu versetzen. Das wäre dann angewandte Körpersprache.

Bei der Gesprächseröffnung sollte auch auf Gesten der Offenheit geachtet werden. Offene Handflächen und andeutungsweise ausgebreitete Arme gehören dazu. Gerader Blick und die Hand, die eine Wange stützt, zeigen, daß jemand bereit ist, den anderen anzuhören.

Platz nehmen – aber nicht zuviel

Der Besucher sei, so nehmen wir an, aufgefordert worden, Platz zu nehmen. Er hat ihn genommen und fühlt sich nun mehr oder weniger so, wie er sich setzte. Es gilt nicht nur, daß man so liegt wie man sich bettet, sondern auch, daß man sich so fühlt, wie man sich setzt. Sitzt unser Besucher ganz vorn auf der Kante des Stuhles, steht er sozusagen schon vor dem Aufbruch, bevor er richtig da ist, so wird ein nichtsympathisierendes Gegenüber schnellstens dafür sorgen, daß der Aufbruch auch tatsächlich erfolgt. Im entgegengesetzten Extrem pflanzt sich jemand derart in den Stuhl, daß sein ganzes Gehabe deutlich sagt: Der will hier Wurzeln schlagen! Unter gleichwertigen Partnern sitzt man aufrecht in einer gewissen Gespanntheit, aber beileibe nicht verkrampft und vermeidet es, Zeichen der Unsicherheit erkennen zu lassen. Ein solches Zeichen ist es beispielsweise, wenn jemand fortlaufend die Füße um die Stuhlbeine legt. Er sucht dort Halt wie die Kletterpflanzen an der Stange. Die sympathischste Sitzhaltung bei Besprechungen ist die, in der man die Beine leicht gegrätscht hat und die Hände entspannt, aber gestenbereit, auf Stuhllehnen oder oberen Innenkanten der Schenkel liegen. Eine solche Haltung wirkt aufgeschlossen, zeigt, daß man bereit ist, die Gedanken des Partners an sich herankommen zu lassen.

In unseren Tagen, da Führungskräfte mehr und mehr an archaischer Autorität verlieren und mehr als Funktion im Betriebsganzen betrachtet werden, sollte es das Bestreben sein, jedes Gespräch mit einsichtsvollen Menschen zu einem Partnergespräch werden zu lassen. Dann entfällt es, des anderen Revier demonstrativ zu verletzen, wenn man seinen Willen durchsetzen will. So lange aber wird jemand die Tischkante des anderen packen (Angriffsgeste), sich weit gegen ihn vorbeugen (Distanzverkürzung/Revierverletzung), und sich nach vollzogener Aggression demonstrativ die Arme verschränkend zurücklehnen (»So ist es und nicht anders«). Aber vielleicht wäre das auch schade, denn dann gibt es nicht mehr so interessante Beobachtungen der körpersprachlichen Äußerungen.

In Richtung auf Abbau veralteter Autoritätsvorstellungen gibt es die heutige Gepflogenheit, Besucher nicht mehr hinter dem Schreibtisch zu empfangen (wer es dennoch tut, gibt damit auch schon wieder Signale), sondern sich an einem besonderen Besprechungstisch so zu setzen, daß die Plazierung keine Rangordnung mehr vorgibt. Das ist nicht nur eine Aufgabe alter, oft nur vermeintlicher Vorrechte, man kommt sich so näher und kann auch durch eigene körpersprachliche Signale besser wirken.

Am deutlichsten sind in Gesellschaften von den vergebenen oder selbst eingenommenen Plätzen Ansprüche und Selbsteinschätzung abzulesen. Wer überall die erste Geige spielen will, setzt sich auch auf den bevorzugten Platz. Wer sich überall hintenanstehend fühlt, wählt, zwar nicht gern, aber mehr oder weniger ergeben, einen der nichtbeachteten Plätze. Leute, die mit dem Mund vorneweg sind, versuchen sich auch so zu plazieren, daß jedermann sie bemerken muß.

Wie sitzt er/sie heute wieder da

Erfahrene Vorzimmerdamen werfen nur einen kurzen Blick durch die Glasscheibe, die sie vom Allerheiligsten trennt und sind informiert. An der Art, wie der Alte so dasitzt, lesen Sie dessen Laune ab. Man könnte statt der Frage: »Was für Laune hat er denn heute?« genausogut fragen: »Wie sitzt er heute denn so da?« Schauen wir doch auch mal hin. Sie wissen ja schon, daß verschränkte Arme bewußtes Zurückziehen oder mißtrauisches Erwarten ist und können von solcher Haltung meist Negatives ablesen. Aber wir wollten ja nicht in den Fehler verfallen, von Einzelmerkmalen schon ein Endurteil zu fällen. Vielleicht hat »er« außerdem die Beine übereinandergeschlagen, sich demnach noch mehr in sich zurückgezogen. Nun sehen Sie plötzlich, daß die Hände in den

»Sitzhaltung«

Oberarmen geradezu verkrallt sind, dann haben Sie aber wirklich ein Alarmzeichen: Hier hält einer nur mühsam an sich.

Vielleicht befindet sich unser Beobachtungsobjekt bereits im Gespräch mit einem anderen. Sie sehen einen erhobenen Zeigefinger, der auf etwas Imaginäres hinweist = man ist (zumindest der mit dem Zeigefinger) in angeregter Unterhaltung. Nun geht der Zeigefinger wie eine Waffe auf den anderen zu, ein persönlicher Standpunkt wird unterstrichen, der Beobachtete ist angriffslustig. Vielleicht ist er das in einem ganz positiven Sinne, der Angriff richtet sich gar nicht auf den Gesprächspartner, sondern auf etwas, über das man spricht. Dann aber schaut unser Mann über seinen Brillenrand und reibt sich die Nase, er verschließt sich also wieder und ist voller Mißtrauen gegenüber seinem Gesprächspartner. Mit der Kenntnis aus unseren bisherigen Ausführungen können Sie das Beobachtungsspiel gewiß schon eine ganze Zeit lang fortsetzen.

In deutschen Chefzimmern soll auch das vorkommen, was man nur in amerikanischen Filmen sieht: Da hat einer die Beine auf den Schreibtisch gelegt. Während man das aber in den USA angeblich inmitten des Trubels eines Großraumbüros zu tun pflegt, wagt man es hier nur wenn man allein ist, oder demonstriert mit dieser Geste, daß man zu den unteren Chargen gehört. Tut es der dort oben dennoch, so betont er damit seinen Herrschaftsbereich. Frühere Herrscher stellten den Fuß auf den Nacken ihrer Leibeigenen, heutige begnügen sich damit, ihre Mauken auf herausgezogene Schreibtischschubladen zu stellen. Aber auch damit wird deutlich ein Herrschaftsanspruch ausgedrückt. Wie kann »er« denn sonst noch so dasitzen? Zum Beispiel mit Handbewegungen, als ob er etwas oder jemanden schlagen wolle. Das will er unbewußt gewiß auch, doch darf er nicht. Wie dem immer sei: eine Geste des Mißfallens, der Mißbilligung, der Andeutung einer verwirkten Strafe.

In abgeschwächter Form besteht diese Mißbilligungsgeste aus einer Drehbewegung der Gebrauchshand in ihren Gelenken und hat Ähnlichkeit mit jener, die ein Kugelstoßer ausführt, wenn er die Kugel und Stoßmuskeln in die richtige Lage bringen will. Es handelt sich bei solchen Bewegungen, wie beim Schlagen mit der Faust in die geöffnete Fläche der anderen Hand um beschönigte Züchtigungsgesten. Wer sie beobachtet und auf sich beziehen muß, weiß was ihm da angedroht wird.

»Züchtigungsgeste«

So wie jedes Lauterwerden der Stimme ohne akustisch-phonetische Notwendigkeit, so sind auch Züchtigungsgesten immer ein

Zeichen von Unzufriedenheit oder Mißbilligung, aber auch ein Zeichen dafür, daß man es besser und richtiger zu wissen glaubt, im Recht sei, und dieses Recht (notfalls auch mit Gewalt) durchzusetzen gewillt ist.

Lassen Sie es nicht bedrohlich werden

Soweit, daß man Schläge angedroht bekommt, sei es auch nur in symbolischer Form, sollte man es keineswegs kommen lassen. Sie wissen ja nun schon so viel, daß Sie rechtzeitig steuern können. Es kommt also nicht dazu, daß eine Autoritätsperson oder ein Partner im Gespräch mit Ihnen seine Hand zum Nacken erhebt. Das wäre ja das symbolische Erheben einer Hand zum Schlag. Schon vorher haben Sie vielleicht das vorgereckte Kinn bemerkt, es zeigt an, daß jemand seine Macht zu beweisen gedenkt. In stehender Haltung ist das mitunter von einem Auf- und Abwippen auf den Fußballen verbunden. Vielleicht haben Sie aber schon viel früher reagiert. Dann nämlich, als Sie sahen, daß der andere den Kopf zur Seite legte und »ungläubig« die Brauen in die Höhe zog. Da zeigte sich ja schon, daß eine andere Meinung aufkam, daß Sie nun nicht mit Gewalt vorgehen durften, sondern zu überzeugen hatten. Und gehen Sie noch einen kleinen Schritt zurück, dann haben Sie ein Stadium, in dem Sie des öfteren ein wenig zu lange angestarrt werden und auch dadurch eine Mißbilligung Ihrer Ausführungen angedeutet wird. Verbunden werden solche Zeichen mit dem Tonfall, in welchem man gegenteilige Meinungen auszusprechen pflegt. Achten Sie von Anfang des Gespräches an auf Ärgerlichkeitsgesten ganz besonders. Einen kleinen Ärger kann man schnell beseitigen, wächst er erst zum Zorn, dann ist nur durch Rückzug noch einiges zu retten. Nicht immer muß es über den jetzt zurückverfolgten Weg bedrohlich werden. Nicht immer muß es zum Reiben des Nackens gar mit der geballten Faust (sehr hohe Stufe verhaltenen Zornes) kommen, es kann schon ärgerlich genug für Sie sein, wenn das Interesse weicht. Auch auf dementsprechende Gesten müssen Sie beizeiten achten.

Signalisiert man Ihnen erst: »Nun ist nichts mehr zu sagen!« dann ist wirklich nichts mehr zu sagen und nichts zu machen als schnellstens Schluß. Das ist zum Beispiel dann der Fall, wenn Ihr Vorgesetzter im Gespräch mit Ihnen den Augenkontakt vermeidet. Er sucht dann die Flucht bzw. Ausflüchte.

Die Zeit, zu der man sich am besten, aber wirklich am besten, entfernt, ist meist die unmittelbar nach einem größeren Erfolg. Die meisten Menschen machen dann den Fehler, noch mehr zu wollen und erreichen, daß »er« es sich nochmals im ganzen überlegen will und schließlich gar nichts Rechtes mehr herauskommt. Wann aber haben Sie Ihren größtmöglichen Erfolg erzielt? Wie können Sie das wissen, wenn Ihnen doch noch weitaus größere vorschweben. Die Kenntnis der Körpersprache hilft Ihnen, es zu erkennen. Wenn man einer Zubilligung sich Ihr Gegenüber betont zurücklehnt und in allen Gesten erkennen läßt:

»Das wäre es ja denn!« – dann sollte man für diesen Fall nicht nachfassen, denn man riskiert den Umschlag ins Negative. Selbst wenn es nicht zur Zurücknahme des bereits Bewilligten kommt, fühlen Sie sich im Nachherein ebenso unbefriedigt wie Ihr Vorgesetzter (bei Kunden und Verkäufern gilt ganz ähnliches) und bei einem späteren Vorstoß, ganz gleich was Sie dann wollen, werden die Fronten von Anfang an verhärtet sein.

8. KAPITEL

Vom Vereinsvorstand zum Volkstribun

Befangenheit am Rednerpult

Wer zum ersten Mal eine Rede hält und nicht genügend Kaltschnäuzigkeit besitzt, weiß, wie schwer es fällt, natürlich zu wirken. Es scheint, als seien dann Mimik und Gestik völlig zum Erliegen gekommen. Ungenügendes Beherrschen der Körpermotorik und Unvermögen der Rhetorikeleven, deren Mittel wirksam einzusetzen, verhindern nicht, Zeichen der Körpersprache zu beobachten. Im Gegenteil, gerade die Gebärden unnatürlichen Verhaltens verraten viel von der Stimmungslage des Redners. Dabei spielt eine untergeordnete Rolle, ob die Hörerschaft aus zwei Dutzend oder einigen hundert Menschen besteht. Ungeübte Redner glauben, es plötzlich mit einem vieläugigen Moloch zu tun zu haben. Versierte Redner sagen hingegen, daß mit der Menge der Hörerschaft das Sprechen leichter wird. Tatsächlich verlangt ein Vortrag vor 10 Experten weitaus mehr als die Rede in einem Saal vor einigen hundert Personen. Sehen wir von den belegten Stimmen Gehemmter ab und beachten nicht, daß Schüchterne zu leise und zu hastig sprechen, so gibt es dennoch genug äußere Zeichen, die zeigen, ob Redner befangen sind oder sich ungezwungen äußern können. Wenn Sie als Redner solche Zeichen kennen und an sich beobachten, ist es möglich, sie bewußt abzubauen und sich auf innere Ruhe einzustellen. Ebenso läßt sich durch sorgfältiges Training körpersprachlicher Äußerungen von vornherein die nötige Sicherheit bereitstellen. Körpersprache zu beherrschen ist schon deshalb wichtig für jeden, der sich gelegentlich in Vortrag oder Rede zu exponieren hat, damit sein Auftritt nicht falsch gedeutet wird. Wenn das Erscheinungsbild den mündlichen Aussagen widerspricht, kommt von vornherein eine falsche Meinung im Publikum auf. Ruft das äußere Erscheinungsbild falsche Eindrücke hervor, und der Redner sucht die Fehler im Inhaltlichen, so kann er sie nie beseitigen. Es wird zwar heute nicht mehr streng gefordert, daß ein Vortragender im schwarzen Anzug, mit steifem Kragen und dezenter Krawatte auftritt, dennoch erzielt die Kleidung in der Hörerschaft Wirkungen. Ist sie betont nachlässig, so fühlt sich das Publikum nicht ernst genug genommen. (Für uns ist es wohl nicht nötig, mit gepflegtem Äußeren aufzutreten?)

Ein Publikum, welches sich mißachtet fühlt, wird schwerlich zu gewinnen sein. Es beginnt schon mit der Haltung des Redners. Flegelt er sich über das Pult, oder steckt er die Hände in die Hosentaschen, dann mag das eine wie das andere ein Zeichen der Unsicherheit sein; man nimmt es ihm übel. Der Redner, der sich über das Pult lümmelt, sucht vielleicht nur den Halt, der ihm innerlich fehlt. Die Hand wird nur deshalb in der Hosentasche »versteckt«, weil rhetorische Gesten nicht beherrscht werden. Moderne Rhetorikkurse arbeiten deshalb mit Bildaufzeichnungen (Videorecordern). Sie zeigen den Lernwilligen, wie sie dastehen und sich bewegen. Vielleicht sind Sie Filmamateur, dann wissen Sie ohnehin, daß es gar nicht so leicht ist, sich, im Bewußtsein beobachtet zu werden, natürlich zu benehmen. Die wenigsten Menschen wußten früher, wie ihre Stimme wirkt. Seit Tonbandgeräte zum Alltag gehören, hat sich das geändert. Die meisten Mitmenschen heute wissen nicht, wie sie sich bewegen und äußerlich wirken. Das könnte durch Film- und Videoaufnahmen ebenfalls anders werden. So trägt gelegentlich die Technik dazu bei, daß wir uns natürlicher benehmen lernen. Man kann aber auch übertreiben. Wer Gesten einstudiert, wirkt noch lange nicht natürlich und überzeugend. Hitler soll seine Gestik stundenlang vor dem Spiegel eingeübt haben. Er wirkte auf die Menschen seiner Zeit als Redner faszinierend. Heute kommen uns seine Gesten übertrieben, affektiert und gekünstelt vor, weil wir wissen, daß uns auf dämonische Weise etwas vorgemacht wurde. Außerdem hatten nur wenige Leute seinerzeit Kenntnis von der Schauspielerei einer inzwischen überholten Rhetorik. Nach wie vor gilt: Wenn gezielte Körpersprache die Worte treffend unterstreicht, erzielt der Redner zusätzliche Wirkung und vermag sogar zu beeinflussen. Um so mehr der Zuhörer bzw. Zuschauer diese Gesten versteht, um so weniger wird es Rednern möglich sein, mit pathetischen Gesten die wahren Absichten zu verschleiern.

Wenn Sie im kleinen Rahmen beobachten wollen, daß es immer noch genug Menschen gibt, die sich durch geschicktes Parlieren beeinflussen lassen, dann gehen Sie auf den Wochenmarkt oder in Warenhäuser und hören (bzw. schauen) Sie den sogenannten Spezialisten zu. Im Volksmund heißen sie Neuheitenverkäufer. Böse Zungen gaben ihnen den Beinamen »Messewanzen«. In Kollegenkreisen heißen sie hingegen die »Aristokraten« des ambulanten Gewerbes. Mancher Redner könnte von denen lernen, die da heute mit aller Inbrunst einen neuen Kartoffelschäler präsentieren, morgen die Menschen davon zu überzeugen wissen, daß ihr Wohlergehen von Schuheinlagen abhängt und in der nächsten Woche das unfehlbare Fleckenwasser für alle Gelegenheiten an Frau oder Mann bringen.

Gesten geben immer Auskunft oder lassen Schlüsse ziehen. Sind sie klein, schwächlich verkümmert, so wird, ob zu Recht oder Unrecht, vermutet, daß der Sprechende sich selbst und seinen eigenen Worten nicht so recht traut. Sind Gesten zu groß und zu langanhaltend, dann vermutet man Großsprecherei, Übertreibung, ein Überredenwollen. Für das Spiel der Gesichtszüge gilt gleiches.

Sichtbare Begeisterung

Übertragen Sie Ihre Einsichten aus der früher besprochenen Rhetorik. Sie finden wieder die geballte Faust als Zeichen der Macht oder Bedrohung, den erhobenen Zeigefinger als Warnung oder Mahnung, die wegwischende oder verneinende Geste. Sie finden ebenso, daß jemand mit der Greifhand fest hinter dem Rücken das Handgelenk der anderen Hand umklammert. Die leicht zuckende Schulter der Ungewißheit, das gelegentliche ängstliche Zurücktreten, zeigen sich auch beim Redner. Haltung und Geste verraten mehr als Worte sagen. Da tritt einer immer wieder mal einen Schritt vom Pult zurück, so als ob er mehr Abstand zwischen sich und das Publi-

»Redner in Aktion«

kum bringen will. Vielleicht liegt das nur daran, das ihn bislang die Lampe auf dem Pult etwas blendete und er nun nachschaut, ob seine Worte die erwünschte Wirkung haben.

Da man ja immer beide Seiten hören, hier müßten wir sagen »Sehen« soll, mal kurz zu den Hörern. Wie sitzen die denn da? Haben sie die Arme abwehrend verschränkt? Lümmeln sie *gelangweilt* mit weit ausgestreckten Beinen in den Stühlen? Folgen sie, das Kinn in die Hand stützend, gebannt den Ausführungen? Macht sich schon Aufbruchstimmung bemerkbar? Der Redner sollte sich entsprechend verhalten, wenn er sieht, daß die Hörer auf den Stühlen herumrutschen (Unruhe) oder des öfteren zum Ausgang schauen (Aufbruchstimmung). Dann muß er spannender werden oder aufhören. Gar mancher Vortragende bemerkt es nicht, daß die letzte Reihe schon schläft. Er gehört gewiß nicht zu den besten Vortragenden. Wir wollen, was die Lauterkeit der Absichten betrifft, gewiß keinen unserer heutigen Politiker mit den unseligen braunen Machthabern vergleichen. Was die Rhetorik angeht, gibt es so manchen, der die alten Tricks versucht. Diese Tricks sind allerdings auch schon etliche tausend Jahre älter als das tausendjährig proklamierte dutzendjährige Reich.

Rednern wird gelegentlich vorgeworfen,. daß sie ihre Körpersprache schauspielern. Das ist nicht korrekt. Der Schauspieler schlüpft in eine Rolle, spielt einen Charakter, der dem eigenen nicht zu entsprechen braucht. Er ist heute der eifersüchtige Othello und morgen der trutzige Götz, muß Nathan den Weisen ebenso glaubwürdig darstellen wie den Hamlet. Der Redner spielt immer nur sich selbst. Es ist keine Schauspielerei, es ist die Persönlichkeit, die sich darstellt. Nur wenn von den, nun schon viel zu oft genannten Demagogen auf Bluff und Verblendung ausgegangen wird, sind Bedenken anzumelden. Wer seine eigene Körpersprache pflegt, Gestik und Mimik treffend zu beherrschen weiß, dem sollte es erlaubt sein, sie in Rede oder Vortrag einzusetzen. Doch achten Sie darauf, ob der Worte Inhalte und die Sprache des Körpers übereinstimmen.

Redner, die ihren Hörern nicht in die Augen sehen, die häufig mit der Hand den Mund bedecken oder gar hinter halb mit den Fingern verdecktem Mund sprechen, könnten lügen. Auch wenn oft der Blick zur Erde geht, die Schultern zucken, oder die Hand an den Hals fährt, gibt unser Redner nicht nur Tatsachen von sich. Unruhe in den Bewegungen deutet ebenfalls auf Unwahrhaftigkeit hin. Der Redner, der von sich überzeugt ist, steht aufrecht da. Er hat den Blick offen im Publikum. Die Bewegungen seiner Hände führen vom Munde weg. Er sieht so aus, als ob er die Worte buchstäblich in das Auditorium werfen möchte. Die Gesten kommen treffend, sind weder großspurig, noch kleinlich unter der Gürtellinie. Wenn Sie einen Redner beobachten, der seinen eigenen Körper auffallend oft oder lange »befühlt«, dann sucht er wahrscheinlich nicht, wie Sie glauben möchten, nach einem verborgenen Manuskript, sondern mit dieser Bewegung deutet er an, daß er sich selbst beruhigen muß.

Manche Redner haben die Daumen in die Hosentaschen gehängt oder die Finger in die Jackentasche geschoben und lassen dann die Daumen außen aufliegen. Das sind typische Gesten gesteigerten Selbstbewußtseins, die bis zur Geringschätzung des Publikums gehen. Eine andere Geste (früher hat man Lehrer gern so dargestellt), bei welcher die Rockaufschläge mit beiden Händen fest gepackt sind, bedeutet hingegen nicht so sehr Selbstvertrauen, als die Einsicht, daß man kein sonderlich großes Licht sei.

Redner, die mit Kugelschreiber oder der Brille taktieren, wollen ein Zepter schwingen, jedenfalls sind sie sehr von den eigenen Worten überzeugt. Sie nehmen ihre Sache für äußerst wichtig, ob sie es nun wirklich ist oder nicht.

Es gibt auch Redner, die sind dauernd auf der Wanderschaft. Sie können keine Minute ruhig vor dem Publikum stehen und gehen fortlaufend, im wahrsten Sinne des Wortes, auf dem Podium spazieren. Waren die anderen, die sich ängstlich hinter dem Pult verstecken, sich daran festklammern, die Kleingläubigen, so haben wir es bei den Wanderern mit den Großspurigen zu tun. Wandernde Redner sind meistens recht eitel. Es ist, als wollten Sie sich der Hörerschaft von allen Seiten zeigen. Ob dabei viele gute Seiten zu sehen sind, müssen wir bezweifeln. Der Redner soll beileibe nicht stocksteif dastehen und darf, entgegen dem Rat älterer Rhetoriklehrer, durchaus einen Schritt zur Seite oder auf das Publikum zutreten. Zu weite Wanderwege und zu weites Hin- und Herlaufen bringen jedoch erhebliche Unruhe in die Aussage und das Publikum.

Zu große Rednerpulte lassen kaum mehr als den Kopf des Redners sehen. Für ihn wäre es gut, vor das Pult zu treten.

Die Hand bei Sprecher und Redner

Das gilt nicht nur für den Auftritt des Redners: Wenn Hände sich um Dinge klammern, sucht der Mensch einen Halt, ist er nervös. Der Sprechende in einer Gesellschaft umklammert mit beiden Händen fest sein Glas. Der Redner umklammert die Kanten des Rednerpultes oder ein Demonstrationsobjekt. Hat er keines, so tut es ein Zeigestock oder auch nur das Stück Kreide, ja ein Bleistift.

Menschen, die zum ersten Mal vor ein Auditorium treten, berichten später, sie hätten das Gefühl gehabt, daß ihre Hände und Arme viel zu lang seien und immer noch an Länge zunähmen. Deshalb versteckten sie sie dann hinter dem Rücken oder in den Taschen. Ein anderes Zeichen von Unsicherheit: Die Hände werden zusammengepreßt. Das geht mitunter sogar in ein Reiben der Hände über, ohne daß es etwas gäbe, worüber sich »vergnügt« die Hände reiben ließen. Das allerdings kann auch eine Aussage sich reibender Hände sein, doch geht sie dann mit entsprechend frohlokkender Mimik vonstatten.

Ein kräftigeres Reiben der Hände nennt man auch Händeringen: immer Ausdruck von Peinlichkeit, des Wunsches, einer Situation zu entfliehen. Sehen Sie einen Redner so dastehen, seien Sie sicher, er fühlt sich nicht sehr wohl in seiner Haut. Vor solchen Rednern braucht der Selbstsichere keine Bange zu haben. Auch vor der Faust braucht man nicht zurückzuschrecken, wenn sie an hängenden Händen vollzogen wird. Wieder ein Zeichen der Haltsuche. Anders sieht es schon aus, wenn einer die Hände in die Hüften stemmt. Der wird sich so leicht nicht davon abbringen lassen, das durchzusetzen, was er sich vornahm. Eine größere Zahl von Rhetorikgesten hat Verwandtschaft mit Grußgesten. Die rhetorische Frage, mit den nach oben geöffneten Händen, will, daß die Hörerschaft ihre Zustimmung hineinlegt, so wie der derart Grüßende etwas auf die geöffnete Hand gelegt haben möchte. Ausgestreckte Hände mit Handkanten, die nach unten gerichtet sind, meinen im Gruß wie im Vortrag, man fühlt sich eins oder möchte doch Sympathien gewinnen. Die nach oben gerichtete Handfläche drückt einen Machtanspruch aus: Da will jemand etwas ergreifen.

Je temperamentvoller ein Redner ist, je aktiver, je tatenlustiger, desto mehr Gestik, mehr Handbewegungen wird man an ihm sehen. Es gibt starke Charaktere, die sich soweit in der Gewalt haben, daß sie die Gesten unterdrücken. Man erkennt Aktivität dennoch, weil der ganze Körper sich strafft, die Schultern zurücktreten, der Kopf sich mit der Kinnspitze hebt und der Brustkorb sich etwas vorwölbt.

Bedenklich ist der ständig erhobene Zeigefinger. Hinter ihm steht daß der, der dozieren will, kein Dozent ist. Rechthaberische Menschen operieren viel mit dem himmelweisenden Zeigefinger.

Streckt ein Redner die Handflächen, dem Publikum zugewandt, die Arme weit vor sich, so will er etwas von sich schieben. Das kann die Sache sein, die er mit Worten bemängelt. Es kann aber auch sein, daß er sich symbolisch die Hörerschaft vom Leibe halten will.

Die Hörer müßten dann darauf achten, wieweit gesprochenes Wort und Körpersprache übereinstimmen.

Der Redner, der sich ständig von den Hörern wegdreht, gewissermaßen gegen die Seitenwände spricht, zeigt damit, daß es ihm nicht sonderlich darum zu tun ist, mit dem Auditorium gemeinsam zu gehen. Ist der Gemeinschaftsgedanke hingegen besonders stark ausgeprägt, dann geschieht es bei temperamentvollen Rednern nicht selten, daß sie zum Publikum kommen. Sie bauen sich unmittelbar vor der ersten Reihe auf oder gehen sogar, wenn ein Mittelgang vorhanden, ins Publikum hinein.

Die Handbewegungen bekommen dann wieder den Charakter von Gesprächsgesten. Der Redner unterhält sich mit verschiedenen einzelnen Hörern und meint dabei immer wieder alle. Auf ganz ähnliche Weise suchen ja des öfteren Schlagerstars den Kontakt mit den Zuschauern.

Allerlei Blickfänge

Schaufensterdekorateure – Verzeihung: -gestalter – verstehen es, Blickfänge zu schaffen. Sie rücken geschickt das in die Betrachtungen, was halt ausgestellt werden soll. Bei Rednern gibt es mitunter Blickfänge, von denen der Betroffene gar nichts weiß. Diese Blickfänge lenken mehr von der Sache ab, als dem Sprechenden lieb ist. Der unsichere Redner sucht sich gelegentlich einen Blickpunkt, der für ihn eine Art Konzentrationshilfe ist. Es gibt eine liebenswürdige alte Geschichte von einem lesenden Professor. Er richtete seinen Blick fest auf die Stelle eines fehlenden Knopfes am Jackett eines Studenten. Der Student sah darin einen Vorwurf und nähte den Knopf wieder an. Bei der nächsten Lesung wirkte der Professor außerordentlich konfus und schrie den Studenten schließlich an: »Entfernen Sie den Knopf wieder, ich weiß sonst nicht, worauf ich mich konzentrieren soll!«

Fehlt bei Rednern ein Knopf oder steht er auch nur offen, so richten sich vielleicht viele Hörerblicke darauf, und es wird durchaus keine Konzentration auf das Thema erzielt, sondern von diesem gerade abgelenkt. Zu einem solchen Blickfang können auch Abzeichen oder Orden werden. Selbst der Füllhalter, der aus der Brusttasche herausragt, erfüllt gelegentlich die genannten negativen Funktionen. Wer sich exponiert, sollte schlichte, doch ordentliche und gepflegte Kleidung tragen. Ist sie nachlässig, schlodderig oder gar unsauber, so unterstellt man ähnliche Haltung den Hörern gegenüber.

Ich erlebte es vor einigen Jahren in Wien, daß auf einem Symposion ein russischer Wissenschaftler einen brillanten Vortrag hielt. Ein Teil der Hörer hatte nicht viel mitbekommen, weil sie Gedanken über den abgetragenen Anzug des Redners anstellten und (ob zu Recht oder Unrecht) auf das wirtschaftliche Wohlergehen russischer Wissenschaftler rückschlossen. Bedenken wir auch kurz, daß sich Redner gelegentlich maskieren. Der Besitzer einer Villa und eines Superwagens erscheint auf der Versammlung sozial schwächerer Kreise im Räuberzivil, der sonst lebensfrohe Mensch, der nicht umhin kann, an einer Trauerfeier teilzunehmen, leiht sich schwarze Kleidung. Auch das ist keine erfundene Geschichte: Einige sich progressiv gebärdende junge Leute schockten bei einem Empfang die in zwangloser Kleidung erschienenen Gäste dadurch, daß sie in abgeschabten Fräcken erschienen, die wahrscheinlich einem Theaterfundus entliehen waren.

An Kleidung und Blickfängen wie Abzeichen, Orden und Schmuck zeigen sich Eitelkeit oder Nachlässigkeit besonders deutlich. Eitle und Geltungssüchtige versuchen als Redner auch die Ausstattung so zu gestalten, daß sie den beanspruchten Rahmen haben.

Es ist folglich von den Äußerlichkeiten manches abzulesen, das Rückschlüsse auf den Redenden erlaubt.

Sitzend exponiert sein

Bisher sprachen wir vorzugsweise vom Redner, der sich vorn am Rednerpult oder auf dem Podium stehend exponiert. Wir finden aber ebenso den Sitzenden exponiert. Von einigen war schon im vorigen Kapitel die Rede. Es wird, besonders bei Lehrvorträgen, heute mehr und mehr Sitte, daß sich der Vortragende setzt. Bei Podiumsdiskussionen sitzen die Referierenden am Tisch vor ihrem Publikum. Auch in Vereinsversammlungen hat sich der Vorstand im allgemeinen zu einer Sitzrunde vorn zusammengefunden. Eine Fundgrube zur Beobachtung körpersprachlicher Äußerungen tut sich dort auf. Sie werden viele der in den vergangenen Kapiteln beschriebenen Haltungen wiederfinden. Da ist z. B. der Aggressive, der mit dem nach vorn geschobenen Kopf die anderen Teilnehmer und das Publikum belauert und auf die Gelegenheit zur Aktion wartet. Da finden Sie Achtung und Mißachtung der Distanzen zu den Mitstreitern oder Widerparteien.

Vor den Augen eines großen Publikums werden Berührungsgesten eingesetzt. Vielleicht geschieht das bewußt, um die Unsicherheit des anderen zu erhöhen. Da sehen Sie den anderen, der breitbeinig dasitzt und, die Hände faltend, scheinbar leicht seinen Bauch stützt, er signalisiert, daß ihn das alles eigentlich ziemlich kalt läßt. Da sehen Sie auch, wie sich jemand so anderen gegenübersetzt bzw. in eine entsprechende Lage rückt, daß er sie nun geraden Blickes ansehen kann: meist ein Zeichen von Angriffsbereitschaft. Wieder jemand blickt zur Seite, zeigt dem Nachbarn das Profil (blickt ihn über die Schulter an) und drückt damit sein Mißtrauen aus. Eine Verstärkung der letztgenannten Geste ist es, wenn eine Hand in die Hose gesteckt wird. Plötzlich steht jemand auf, um die Worte eines anderen zu erwidern. Das heißt meist, daß er mit dem Gesagten nicht einverstanden ist. Dann sehen Sie, daß sich jemand die Bügelfalten seiner Hose glattzieht oder sich unruhig auf seinem Stuhl bewegt, es ist zu schließen, daß er überlegte, zu einem Urteil gelangte und gleich damit herauskommen wird.

Nicht auf dem Podium, aber vielleicht in Gesellschaft, finden Sie Menschen, die besonders auf sich aufmerksam machen wollen. Sie setzen sich so auf den Stuhl, daß die Lehne nach vorn kommt. Zumeist werden dann noch die verschränkten Arme oben auf die Lehne gelegt. Das kann betonte Lässigkeit sein, die in Wahrheit nicht vorhanden ist. Ist sie es doch, so stehen die Beine wahrscheinlich breit auf der Erde. Ist die Lässigkeit nur gespielt, dann schlingen sich die Füße umeinander, die Knöchel kreuzen sich, oder der

Mensch sucht mit den Füßen die Stuhlbeine zu umranken. Verkehrt auf dem Stuhl sitzen kann auch Überheblichkeit ausdrücken. Dann hält der Sitzende sich mit den Händen an der Lehne und lehnt den Oberkörper zurück.

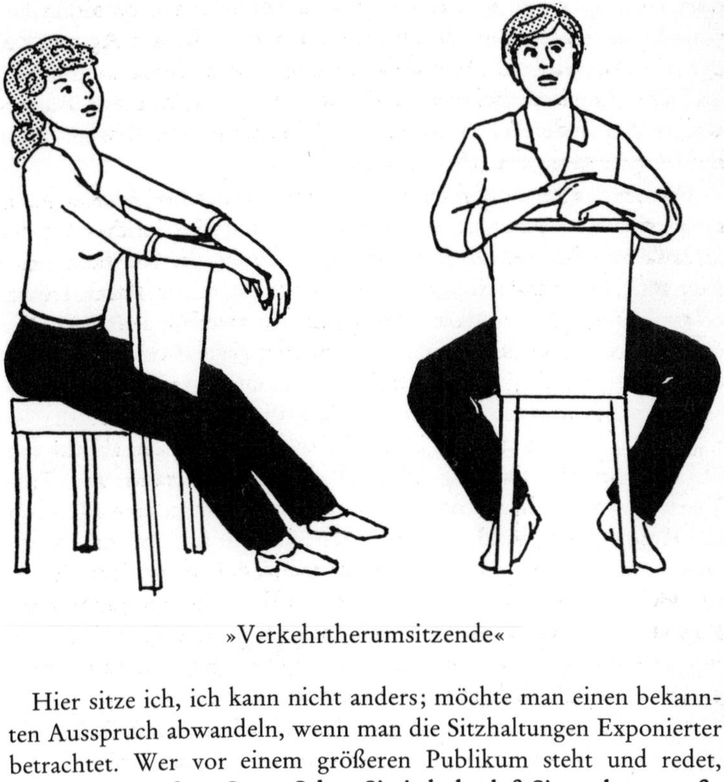

»Verkehrtherumsitzende«

Hier sitze ich, ich kann nicht anders; möchte man einen bekannten Ausspruch abwandeln, wenn man die Sitzhaltungen Exponierter betrachtet. Wer vor einem größeren Publikum steht und redet, braucht die größere Geste. Sehen Sie jedoch, daß Sitzende zu große Gesten machen, dann handelt es sich meist um Leute, die sich selbst herausstellen wollen, die Beifall heischen, ein Publikum brauchen.

Beim öffentlichen Redner nur für die vorderen Sitzreihen zu beobachten, sollten Sie anderenorts besonders auf das Mienenspiel achten. Bei Menschen mit großem mimischen Ausdrucksgrad wird jedes momentane seelische Empfinden in Mienen hineinprojiziert. Menschen die keine oder nur wenig Mimik erkennen lassen, befinden sich meist in gespannter, wenn nicht gar verkrampfter Haltung. Es gibt auch im Gesichtsausdruck die Übertreibung, bei der jede kleine Empfindung ins Überdimensionale aufgebauscht wird. Sie kennen sicher das gespielte Erschrecken über Nichtigkeiten oder das gekünstelte Lachen eines Untergebenen, der über den uralten Witz des Chefs in Heiterkeit ausbrechen will. Aus der Fülle der Beobachtungsmöglichkeiten nur wenige Beispiele: Ruhige Seelenlage spiegelt sich in entspannter Gesichtsmuskulatur wider. Jedes Zusammenziehen von Gesichtsmuskeln bedeutet auch im übertragenen Sinne Aktion oder Aktionsbereitschaft. Die gespitzten Lippen drücken Ärger, Unangenehmes oder Erstaunen im Sinne von Bedenken aus. Bei Konzentration werden zwar die Augen zusammengekniffen, doch die untere Gesichtshälfte bleibt locker. Überträgt sich Spannung dahin, so werden die Probleme groß, wenn nicht unlösbar.

9. KAPITEL

Was sich liebt, das gibt sich Zeichen

Es balzt nicht nur der Auerhahn

Wenn nicht in Natura, dann sicherlich bei einem der beliebten Fernsehzoologen, sahen Sie, wie mancherlei Großvögel sich in der Balz gebärden. Da stolziert man herum, wirft sich in die Brust, zeigt die ganze männliche Schönheit. So viel anders sieht es bei komischen Vögeln unter paarungsbedürftigen Menschen auch nicht aus.

Nicht selten stolzieren Jünglinge und ältere Semester, im Verlangen, einem Weibchen zu gefallen, herum, werfen sich in die Brust und versuchen, mit ihren Vorzügen zu werben, selbst wenn sie längst nicht mehr als Vorzüge zu werten sind. Schauen Sie sich doch mal um im Strandbad.

Zu anderen Gelegenheiten, wenn der Adoniskörper von Tuch behangen, gehen die Männchen der Gattung Mensch andere Wege. Zunächst versuchen sie im Kampf gegen die Kleidung herauszustellen, was herauszustellen ist. Da werden Hosen hauteng genäht, damit der pralle Waden Fülle zeigt. Auf die Unterwäsche wird verzichtet, damit hier und da ein Streifen Haut des Weibchens Auge anlockt. Früher trug »Mann« wattierte Schultern und Bauchbinden. Damen haben es ohnehin leichter, mit Kleidung zu enthüllen. Vom formenbetonenden Kleid über anschmiegsame Stoffe, Dekolleté und Minirock bis zu gemusterten Strümpfen steht ihnen eine große Zahl von Möglichkeiten offen. Es geht schon so weit, daß bei völliger Mißachtung derlei Dinge in der Kleidungswahl böse Mitmenschen Rückschlüsse auf die natürlichen Nichtgegebenheiten ziehen.

Doch mit der Kleidung beginnt es ja nur. Die folgenden Signale sind noch viel aussagekräftiger. Nehmen wir das Putzen. Solange noch Krawatten bevorzugt werden, ist ein betontes Zurechtrücken dieses Männerschmuckes ein ebenso deutlicher Hinweis, als wenn ein Mädchen fortwährend die Kleidung glattstreicht: Man(n) will wirken. An die Stelle der Krawatten, Fliegen, Schleifen ist in unseren Tagen manch anderer Schmuck getreten. Es zieren Männerhälse: Kreuze in verschiedenen Formen (selbst alte Kriegsorden müssen herhalten), Ketten wie zu Sklavenzeiten, unter dem Hemd getragene Tücher. Alles was nach Dekoration aussieht soll putzen, den Ausstellenden schöner, interessanter, anziehender machen. Daß dabei mitunter scheinbare Widersprüche auftreten, spricht nicht gegen die Absicht. Es kann durchaus sein, daß die Kleidung bewußt leger, ja defekt, gehalten wird und dennoch Embleme des Trägers Eitelkeit annoncieren. Kunstvoll bestickte Jeansjacken zu verblichenen und zerfransten Nietenhosen sind nicht selten. Früher zog man sich die Bügelfalten glatt, deren »Messerschärfe« sollte den scharfen Burschen darstellen, heute sitzen die Hosen straff, aber dafür hängen Haare locker und lang (noch). Also liegt oder hängt es doch nahe, sich durch lässiges Streichen der Haare aus dem Gesicht oder trutziges Schütteln der Mähne interessant zu machen. So sieht man denn heute die Opas des Jahres 2000 (die angeblich auf gepflegten Haarschnitt keinen Wert legen) fortlaufend damit beschäftigt, sich durch Zurechtrücken der Frisur ins rechte Licht zu stellen.

Eine Geste, die schon der Uropa kannte ist das Zwirbeln oder Streichen (je nach Tendenz Wilhelm oder Friedrich) des Bartes. Mußte früher Pomade helfen, Gesichts- und Haupthaare ansehnlich und ihren Träger unwiderstehlich zu machen, so tut es heute Henna und Lockenwasser. Zeiten und Moden ändern sich schnell, der Mensch nur langsam, wenn überhaupt. Was soll's, es liegt nun einmal in der Natur der Sache, daß jeder Mann und jede Frau auf das andere Geschlecht angenehm wirken wollen.

Die seltenen Ausnahmen bestätigen bekanntlicherweise die Regel. Auch oder gerade in dieser Hinsicht schützt selbst hohes Alter nicht vor Torheiten, was der Volksmund (wie immer treffend) mit: »Gefärbtes Haar ist selten grau!« quittiert.

Moderne Hemdenschnitte lassen ein weiteres Requisit männlicher Eitelkeit verschwinden: Die Manschettenknöpfe. Wer sie noch hat versäumt nicht, an ihnen herumzudrehen, um auf sich aufmerksam zu machen. Notfalls tun es andere Knöpfe auch. Schmuckringe und Abzeichen eignen sich gleichermaßen gut, Balzgesten »durchzudrehen« (bzw. zu erkennen). Mancher hat sich besser in der Gewalt, er ist zudem darum bemüht, die Hände möglichst ausdrucksvoll zu bewegen. Dann ersetzt der schnelle, prüfende Blick auf oder über die genannten Attribute das Drehen. Auch der prüfende Blick auf die Fingernägel fällt unter Gefallmannssucht-Gesten. Sind dergleichen Inspektionen zufriedenstellend ausgefallen, dann geht der Kopf etwas in den Nacken, die ganze Figur streckt sich, man ist bereit, Kontakt zu einer Erwählten aufzunehmen.

Auf den Beschauer belustigend wirkt, daß allerlei Balzgesten auch dann ausgeführt werden, wenn der umworbene Partner sie nicht sieht, am Telefon zum Beispiel. Auch eitle Telefonöre rücken sich die Krawatte zurecht, glätten die Frisur, überprüfen die Kleidung. Manche nehmen die günstige Gelegenheit, nicht gesehen zu werden, wahr und halten Selbstappell vor dem Spiegel. Dann wird der Kopf von der einen Seite zur anderen gelegt, die Haut des Halses straffgezogen, die Schläfe massiert, der Augenwinkel mit der Fingerspitze ausgestrichen. Das alles ist persönliche Inspektion, Vorbereitung auf die Brautschau. Frauen kontrollieren nicht nur Kleidung, Make-up und Frisur, sondern gelegentlich sogar ihre Bewegungen. Sie proben, wie sie sich am vorteilhaftesten drehen oder bringen dadurch, daß sie die Hände in den Rücken legen, die Oberweite besser zur Geltung. Casanova war sicherlich eine Naturbegabung der Beobachtung von Balzgesten. Er hat viele Nachfolger, die genau erfassen, wann ein Mädchen zu haben ist. Das heißt, wenn dieses Mädchen das signalisieren will, denn Frauen sind nicht nur bessere Diplomaten, sondern todsicher beherrschter in ihren körpersprachlichen Äußerungen.

Es gibt überall Könner (oder -innen) und andere, die es noch nicht sind. So auch bei posierenden Damen. Sind sie zu einem Kontakt bereit, so halten sie ihre körpersprachlichen Äußerungen gut unter Kontrolle. Wie gesagt, mehr oder weniger gekonnt. Sie bemerken die leicht gespreizten Beine und gelegentliches Streicheln des Rumpfes, eine liebevolle, zufällig wirkende Geste. Fest übereinandergeschlagene Beine oder zusammengepreßte Knie symbolisieren Verschlossenheit. Sind die Knie auseinandergenommen, so drückt sich damit oft das Gegenteil aus. Jedwedes Streicheln des eigenen Körpers ist so etwas wie ein Zeichen der Bereitschaft. Es gibt dabei wirkliche Zufallsgesten. Wenn aber ein Streicheln mehrmals wiederkehrt, so ist kein Zweifel: Es handelt sich um eine Bereitschaftshaltung. Das gilt besonders für Streichbewegungen über Brüste oder Schenkel. Ein weiteres Zeichen sind Hüftschwingungen, der betonte Gang der Sexbomben oder solcher, die es sein wollen. Mit seiner Karikierung belustigten sich Nachahmer über die männertolle Frau. Nicht immer ist hinter Gesten der Kontaktbereitschaft Erotik zu sehen. Menschen die sich einsam fühlen und eine mitfühlende Seele suchen haben gleiche streichelnde Bewegungen »an sich«. Oft sind es sogar leblose Dinge, die auf diese Weise zärtlich berührt werden, eine Sessellehne, die Kaffeekanne, ein Stofftier.

Bereitschaft, Kontakt aufzunehmen

Es gibt Menschen, die andere oder Dinge ihres Begehrs mit den Augen verschlingen. Sie schauen einfach zu lange hin. Die meisten haben es gut im Gefühl, wie lange man einen anderen ansehen darf oder auch ansehen muß. Ein zu kurzes Ansehen gilt als unhöflich und ignorierend, ein zu langes Ansehen als aufdringlich. Will jemand prüfen, ob beim Gegenüber eine Kontaktbereitschaft vorhanden ist, dann geht er über die Dauer des erlaubten Ansehens ein klein wenig hinweg und endet seinen Blick vielleicht mit einem ganz kleinen, kaum zu bemerkenden, Zusammenkneifen der Augen.

Damit soll im Gegenüber Spannung erweckt werden. Dann kommt es auf alle anderen Zeichen an. Leute die es wissen müssen behaupten, daß durch den um ein Geringes zu langen Blick sich auch Homosexuelle erkennen.

Die Holzhammermethode der Kontaktanbahnung von Herren der Schöpfung gepflogen: Man geht an seinem »Opfer« vorbei, zieht eine oder beide Augenbrauen etwas hoch (je nach Gewicht des Holzhammers) und spitzt ganz leicht die Lippen. Das klappt meist nicht und wenn, dann lohnt es sich nicht. Bleibt sie jedenfalls stehen oder verlangsamt ihren Schritt, dann könnte »Nachfassen« Erfolg haben.

Befinden sich hingegen zwei schon mitten im Gespräch, dann bedeuten weit geöffnete Augen ein Interesse am Gesprächspartner. Das gilt um so mehr, wenn der ganze Oberkörper diesem entgegengerichtet ist. Die Arme werden dann bestimmt nicht verschränkt sein, sondern neben dem Körper auf dem Sitz liegen oder auf den Schenkeln ruhen. Daß auch solches Interesse gespielt sein kann, erschwert die rechte Einsicht. Starke Zuneigung besteht, wenn ein Gesprächspartner die Hand auf des anderen Arm oder Bein legt (auch nur ganz kurz), und der Berührte zeigt kein Zeichen des Widerwillens. Die Liebe im Vorübergehen verbindet das betonte Ansehen mit einem kleinen Lächeln. Man schaut dann meist auch nochmal zurück, und zwar nur selten über die Schulter, sondern durch Drehen in der Hüfte. Zwei die schon weiter sind winken dann einander zu.

Kontaktbereitschaft Sitzender zeigt sich zunächst am gewählten Platz (s. Kapitel 5), dann aber auch am erwartungsvollen Blick, mit seitwärts geneigtem Kopf. Wirkt diese Haltung natürlich, spricht man gelegentlich vom »schelmischen« Blick, ist sie zu gewollt eingenommen, so wird daraus der »auffordernde« Blick. Zeigen sich dabei die Handgelenke oder die Handflächen, so verstärkt das den Eindruck der Kontaktbereitschaft. Frauen lassen in dieser Sitzhaltung gelegentlich mehr Bein sehen als die normal fallende Kleidung es erlaubt. Nicht jede Kontaktaufnahme führt zu einem stärkeren Interesse. Es ist gut zu wissen, wenn kein Interesse vorhanden ist und man lieber das Gespräch beendet, bzw. zu erkennen, wann das Interesse wächst.

Drehen sich Sprechende zueinander und verweilen in dieser Position von Angesicht zu Angesicht, so wächst ihr Interesse aneinander. Dabei berühren sich gelegentlich sogar die Füße und die nach außen gewandten Rücken verbieten Dritten, in die Gemeinsamkeit einzudringen. Auf Aussagen des einen nickt der andere leicht oder, bei völliger Übereinstimmung, sogar heftig mit dem Kopf. Gegenseitige Berührungen, anfangs nur zufällig, werden häufiger und länger, die Unterhaltung wird, wenn im Raum mit anderen stattfindend, gedämpfter. Die Partner zeigen, daß andere fernbleiben sollen.

In aller Deutlichkeit zeigt sich wachsende Kontaktaufnahme bei Verliebten, die schließlich die Hände halten und sich ihre Mitteilungen gegenseitig ins Ohr flüstern: eng zueinandergedreht, jeden Außenstehenden isolierend.

Bei Partnern, die sich gegenseitig anerkennen, beobachtet man des öfteren den direkten Blick. Man schaut einander in die Augen, um sich bestätigt zu finden oder den anderen zu bestätigen. Gelegentlich liegt ein Lächeln auf den Lippen, daß Spott über Dritte ausdrückt.

Wer sich intensiver mit Partnerschaftsgesten befaßt, wird richtig verstehen, auch wenn Worte anderes aussagen. Eine allmählich überholte Erziehung und leicht verschrobene Moralvorstellungen verlangten vielfach die Lüge. Ein Mädchen durfte früher nicht sagen, wenn es Gefallen an einem Mann hatte. Es gilt gelegentlich heute bei verschiedenen Gelegenheiten noch als Gebot der Höflichkeit, erst einmal »Nein!« oder »das ist doch nicht nötig!« zu sagen und so kommt es nur zu oft vor, daß der Mund das Gegenteil von dem sagt, was die Augen sprechen.

Mit einem kleinen Flirt beginnt es

Vorteilhaft auf den erkorenen Partner zu wirken ist Absicht Kontaktsuchender. Negativ bewertete Attribute haben zu verschwinden. Deshalb ziehen Männer den Bauch ein oder wattieren (auch heute noch) die Schultern, wenn sie einen guten Eindruck auf die Frau ihrer Wahl machen wollen. Interessant ist auch die Umkehrung derartiger Äußerungen. Stellt jemand fest, daß all seine Bemühungen keinen Erfolg hatten und wenig Aussicht besteht, es könne anders werden, dann fallen bis dahin gestraffte Gesichtszüge zusammen, die sich spontan entspannenden Bauchmuskeln lassen dann den Bauch besonders stark hervortreten. Sie beobachten, daß sich jemand mit einem Partner unterhält, auf den er Eindruck machen will. Alle Muskeln sind gestrafft, die Züge betont jugendlich und liebenswürdig, der ganze Körper angespannt. Es wird versucht, die Figur möglichst vorteilhaft erscheinen zu lassen. Dann geht man auseinander, wendet die Rücken und ... alles was zuvor so gestrafft und gespannt war, fällt mit einem Schlage zusammen wie ein nasser Sack.

Wir wollten vom Flirt sprechen. Wer sich anschickt zu flirten, spannt fast alle Muskeln des Körpers. Die Schultern gehen ein wenig zurück und in die Höhe, der Brustkorb tritt hervor. Die Haltung richtet sich auf und sogar die Partie um die Augen herum glättet sich durch leichtes Anheben der Brauen.

Besonders Frauen streichen sich in dieser Bereitschaftsposition des öfteren die Haare. Man kontrolliert den Sitz der Kleidung, sollte ein Spiegel in der Nähe sein, so wird er konsultiert. Im Sitzen können, ganz ähnlich wie bei Abweisung oder Verschlossenheit, auch die Beine übereinander gelegt werden. Doch ist das Übereinanderschlagen jetzt viel lockerer und es wird häufiger das Bein gewechselt. Das heißt, es gibt deutlich sichtbare Öffnungsphasen, immer dann, wenn das obenliegende Bein heruntergenommen wird. Männer stecken gelegentlich betont lässig die Daumen in die Hosentaschen, so daß die gestreckten Finger »rein zufällig« auf die Geschlechtszone zeigen.

Bei Damen zeigen sich Bereitschaftssignale manchmal in nur sehr schwer wahrnehmbaren Bewegungen der Hüftgegend. Und immer wieder das Streicheln des eigenen Körpers als verräterisches Zeichen. Streichelt ein Mädchen in unmittelbarer Nähe eines Mannes Knie oder Waden, von Oberschenkeln, Rumpf und Brust ganz zu schweigen, so ist es einem Flirt nicht abgeneigt. Hin und wieder drückt sich das darin aus, daß sich die Füße, nur mit den Spitzen aufstehend, leicht hin und her bewegen.

Gelegentlich betrachtet jemand seine Handflächen oder berührt die der Sicht völlig offenen eigenen Handgelenke und gibt damit Zeichen in der gleichen Richtung.

Auch ohne Körpersprache studiert zu haben, deuten viele Menschen dererlei völlig richtig und stellen ihr Verhalten danach ein.

Beginnt der Flirt, so ist das erste, daß man *sich* zueinanderdreht, damit zugleich allen anderen Anwesenden mehr oder weniger den Rücken kehrt, um sie aus der Zweisamkeit auszuschließen. Blicke werden intensiver, bald auch länger als üblicherweise »schicklich« und gelten dann als Aufforderung. Meist beginnt zugleich das gezieltere Gespräch, das Gespräch, das darauf *abzielt,* tieferen Kontakt herzustellen. Neigt dann die oder der Hörende den Kopf und verhält sich in der übrigen Gestik ganz ähnlich wie der Sprechende, dann zeigt das sehr deutliches Interesse. Es muß sich bei gegenseitigen Neigungen und Interessen nicht immer um Beziehungen zwischen den Geschlechtern handeln. Ähnlich bahnen sich Freundschaften an. Ähnlich zu erkennen sind Anbahnungen (ganz gleich welcher Art) an den Zeichen des Wohlfühlens. Dazu gehört das Händereiben, eine Bewegung, wie wir sie beim Waschen vornehmen.

Ein sehr markantes Zeichen persönlichen Wohlbefindens:

Ein Bein hochgezogen (z. B. auf Sessel oder Sofa), dem Partner zugewandt, so sitzend, daß ein Teil des Oberschenkels vom anderen Bein auf dem Knöchel des hochgezogenen Fußes zu liegen kommt.

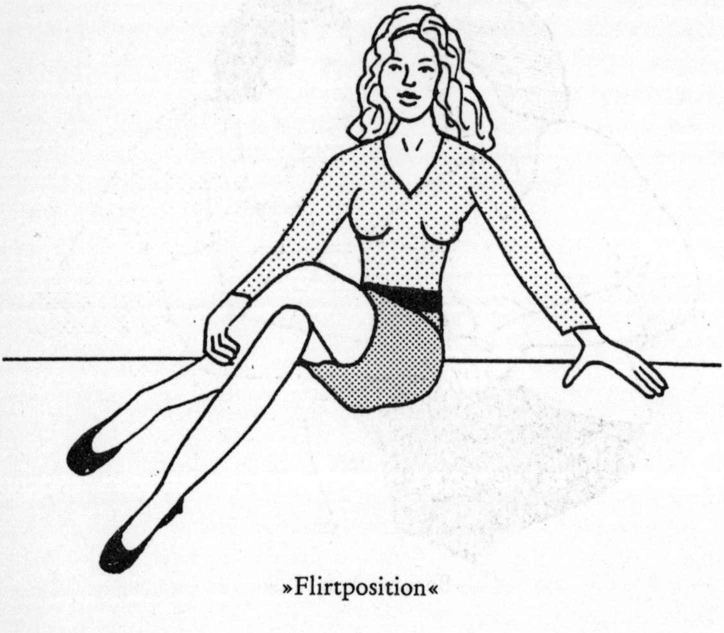

»Flirtposition«

Nicht immer kommt ein Flirtversuch an. Ändert sich die bisherige Haltung eines Mädchens abrupt, wendet es sich vom Bewerber ab, lehnt sich zurück, auch wenn alles nur andeutungsweise, so liegt darin Ablehnung. Sind die Bewegungen deutlicher, so signalisiert das sogar Ärger. In manchen Fällen sind Zeichen zugleich Signale an die weitere Umgebung, mit denen gewissermaßen um Hilfe gerufen wird.

Bleiben aber die Füße auf den Spitzen und neigen die Oberkörper einander stärker zu, so seien Sie sicher, daß sich hier eine Zuneigung weiterentwickelt.

So wie in anderen Gesprächssituationen jedes Näherrücken einen Angriff bedeutet, den Wunsch ausdrückt, daß man dem eigenen Willen Nachdruck verleihen, ihn durchsetzen, will, so auch beim Flirt. Nur, daß hier vielleicht nicht ein Wissen durchgekämpft wird, sondern die Wünsche offene Felder suchen. Dieses Näherrücken geht meistens mit einem Senken der Stimme einher und drückt da-

»Berührungsgeste«

mit Suche nach Vertraulichkeit aus. Höhepunkt und Erfolg des Flirtes ist dann, und das nicht nur kinesisch gesehen, der Körperkontakt, die Berührung des Partners mit der Hand. Erinnern Sie sich daran, daß Berührungsgesten Ausdrücke eines Besitzwunsches sind. Später ist die anhaltende Berührungsgeste sogar der Ausdruck eines Besitzrechtes, ihre Duldung der Hingabe.

Zu-Neigung

Bei Geselligkeiten bestimmen die Hausfrau oder ein »Arrangeur« die Sitzordnung. Menschen geraten nebeneinander, die keinerlei Zuneigung verspüren. Man erkennt es an der beinahe streng parallelen Sitzhaltung, die die beiden nebeneinander einnehmen. Sind höflichkeitshalber gelegentlich ein paar Worte zu wechseln, so wird sich, fast verkrampft, nur leicht in der Hüfte gedreht. Sobald als möglich stellt sich die neutrale Parallele wieder ein. Ist Zueinanderneigen Ausdruck eines gegenseitigen Interesses, so liegt in entgegengesetzter Richtung die Abneigung. Leute, die sich nicht mögen, drehen einander den Rücken (oder neigen sich voneinander). Müssen sie notgedrungen nebeneinander sitzen, ist zumindest die Tendenz ein Voneinanderdrehen. Entfernung durch Wegrücken oder Drehen zeigt mit dem physischen Abstand einen psychischen Abstand der Gefühle füreinander.

Mancher möchte gerne, nur traut er sich nicht, wagt nicht, das Wort zu ergreifen, oder deutliche körpersprachliche Mittel einzusetzen. Dann zeigt sich der Wunsch vielleicht dadurch, daß ein Fuß oder beide Füße auf die erwählte Person zeigen. Auch gestreckte Hände weisen mit den Fingerspitzen in die Richtung geheimer Wünsche. Die bei anderen deutliche Neigung des Körpers auf den Partner wird bei Schüchternen nur leicht angedeutet, daß man sich ihm ein ganz klein wenig entgegenlehnt. Solche Menschen müßten besonders gut die Körpersprache beherrschen, denn dann erkennen sie, ob ihr unmerkliches Werben Aussicht auf Erfolg hat und verlieren einiges von ihrer Schüchternheit.

Bei Schüchternen ist das Bedürfnis nach Zärtlichkeit meistens besonders groß. Vielleicht liegt gerade darin ein Grund ihrer Schüchternheit, daß sie in der Kindheit liebevolle Gesten entbehrten. Es entsteht ein Nachholbedarf. Kommt es zu echter Zuneigung, dann schrecken sie anfangs dennoch zurück und werden zu Unrecht als kühl oder abweisend beurteilt.

Man sieht an Gehemmten, wie Gesten oft im Keime stecken bleiben. Vollends verwirrt können Gehemmte werden, wenn sie mit aufdringlichen Menschen zusammentreffen. Berührungsgesten führen dann, sanft ausgeführt, zur Beruhigung, stellen den persönlichen Kontakt her. Berührung ist aber sehr behutsam einzusetzen. Es kann zu einer Katastrophe des Gefühlslebens führen, wenn einer jener Aufdringlichen, die fortlaufend andere berühren, um sie zu

»Zuneigungshaltung«

unterbrechen oder den eigenen Worten Nachdruck zu verleihen, auf jemanden trifft, der sich nach Zärtlichkeit der Berührung sehnt. Dem Betroffenen wird vorgeführt, daß Berührungsgesten eine Flegelei der Selbstherrlichen ist. Wollen Sie das Vertrauen eines Schüchternen gewinnen, so fassen Sie ihn im Gespräch nie in schneller Bewegung an Arm oder Schultern.

Berührungsgesten, die beruhigen und Vertrauen stiften sollen, müssen sehr behutsam sein.

Stehen zwei in gutem Einvernehmen, so erwidern sie die Berührungsgesten des anderen. Es ist eine wechselnde körperliche Kontaktnahme bzw. Bestätigung.

Haben zwei den Arm um die Schulter des anderen zu liegen, so zeigt sich, daß sie einander vertrauen oder Vertraulichkeit demonstrieren. Kumpel sieht man in der Haltung. Setzt nur einer diese Geste ein, so will er damit ebenfalls sagen, daß der andere ihm vertrauen möge. Da es aber nicht selten vorkommt, daß diese Geste geschauspielert wird, sagt sie über die Vertrauens*würdigkeit* nur wenig aus. Liebende gehen ohnehin meist so, daß der Arm um die Taille des Partners liegt und drücken damit aus, daß sie voneinander Besitz ergreifen. Auf diese Weise lassen sich die Körper sehr eng aneinanderbringen. Umarmen ist die Vorstufe völligen Einsseins.

Über Ursprung und Aussage der Kußgeste ist in der Psychologie viel herumgerätselt worden. Profanere Leute behaupten sogar, daß der Kuß darauf zurückzuführen ist, daß die Römer auf diese Weise überprüfen wollten, ob ihre Frauen das Verbot, Wein zu trinken, einhielten. Wahrscheinlich ist es vor allem die gefühlsempfindliche Lippenpartie, die das Wohlempfinden bei zärtlicher gegenseitiger Berührung hervorruft. Dafür spricht, daß der Schmatz, mit Kraft und Nachdruck von den meisten als weitaus weniger lustbetont, wenn nicht sogar unangenehm, empfunden wird. Fast peinlich kann es schon wirken, wenn jemand dem anderen den Mund zum Kusse bietet und dabei die Lippen zusammenpreßt. Auch die zum flüchtigen Kusse gereichte Wange zeigt eher, daß man sich einer unangenehmen Pflicht schnell entledigen will, als einen Liebesbeweis abgibt. Vermutlich gab der Mund als Eintrittsöffnung des lebensspendenden Atmens und Austrittsöffnung des Lebens (letzter Hauch) dem Kuß die tiefere Bedeutung. Mit dem Kuß tauscht man sinnbildlich die Leben aus. Der Freundschaftskuß gibt das eigene Leben in die Hand des anderen. Ganz ähnliche Bedeutungen dürften die Achtungsküsse haben, die in verschiedenen Riten enthalten sind und samt anderer Küsse bei manchen Völkern völlig fehlen.

Ich will nicht

Nach einem bekannten Scherzwort sagt eine Dame »Nein!«, wenn sie »vielleicht« meint. Sie sagt: »Vielleicht!« wenn sie »ja« meint. »Ja« sagt sie nicht, denn dann wäre sie keine Dame. Gesprochenes Wort und Körperhaltung können verschiedenes ausdrücken. Ein »Nein« ist vielleicht gar kein »Nein«, wenn alle Gesten Bereitschaft ausdrücken. Oft will jemand aber wirklich nicht, das sieht man an Abwehrhaltungen. Da wären z. B. die betont verschränkten Arme. Nicht gleich ins Bockshorn jagen lassen, es könnte ja sein, daß eine kampferprobte Flirterin nur mal sehen will, was Sie *dann* tun. Don Juan hätte es gewußt. Ein amerikanischer Körpersprachler meint, daß er es durch betonte Lässigkeit, etwa schlaff herunterhängende Arme, zuwege bringe, die Dame zu verunsichern und schließlich doch noch zu gewinnen.

Was könnte noch »Ich will nicht« heißen? Das bewußte Zurücktreten, der Abstand, den man legt, die Annäherung wieder auszugleichen. Beim Sitzen das erwähnte Zurücklehnen oder Wegdrehen. Auch die Fingerspitzen, in Abwarte- oder Monologisierhaltung zusammengelegt, sind eine Abweisung. Wer sich bei Annäherungsversuchen betont sittsam hinsetzt und diese Haltung bei allen Bemühungen nicht aufgibt, signalisiert ebenfalls: Geben Sie auf, es hat keinen Zweck! Das deutlichste Zeichen ist das Nichtansehen mit geradegehaltenem Kopf. Ein Niederschlagen der Augen (gesenkter Kopf) kann hingegen aufmerksames Hinhören bedeuten. Auch Augen, und Partie um die Augen herum, die in leichte Starre verfallen, signalisieren Desinteresse, in extremen Fällen heftige Abneigung, ja Feindseligkeit.

Treten Zeichen der Ablehnung auf, so werden selbst gegebene Versprechen, etwa für ein Stelldichein, nichtig. Vielleicht wußte man sich nur nicht auszudrücken, oder traute sich einfach nicht, glatt »Nein« zu sagen. Letzteres möglicherweise aus dem oben genannten Grund, daß ein »Nein« gar keines ist. Zustimmungen, mit schmerzhaft verzogenem Gesicht oder anderen Unmutszeichen gegeben, befriedigen ohnehin nicht recht. Betören heißt nicht siegen, dafür liegt das Wort zu dicht bei Torheit.

Wir gehören zueinander

Sie müßten als unser Leser selbst schon in der Lage sein, zu obiger Überschrift einen Aufsatz über die Körpersprache zu schreiben. Eine große Zahl genannter nichtverbaler Äußerungen finden Sie wieder, wenn Menschen signalisieren, daß sie zueinander gehören. Geht es um mehrere Menschen, um eine Gruppe oder Familie, die ihr Zusammengehören ausdrücken, dann sehen Sie das vor allem darin, daß von vielen Gruppenmitgliedern die gleiche Haltung eingenommen wird. Vielleicht gibt es ein Leitbild, dem die anderen nacheifern. Sie passen sich in Haltung und Äußerungen an, ahmen gar nach. Das ist sehr deutlich bei den heute so beliebten Straßendiskussionen zu sehen. Ob Wahlkampf oder nicht, vielfach gehen Vertreter von Parteien oder Interessengruppen auf die Straße, um Laufpublikum von ihren Absichten zu überzeugen. Dann zeigt sich deutlich, wer alles zu der Gruppe gehört. Besonders fällt das auf, wenn kontrahierende Gruppen auftreten. Geübten Beobachtern ist es ein leichtes, zu sagen, wer zu wem gehört, ohne daß er Worte vernimmt. Möchten sich Nebeneinandersitzende als zusammengehörig zeigen, so neigen sich ihre Oberkörper gegenseitig zu und sie schlagen die Beine so übereinander, daß die Oberschenkel des aufliegenden Beines mit der Außenseite nach außen weisen. Man bildet wieder einmal den »geschlossenen Kreis«. Die gegenseitige, gelegentlich aber auch nur vom dominierenden Partner vollzogene Berührung, ist ein weiteres Aushängeschild der Zusammengehörigkeit. Sieht man jedoch, daß Partner, deren Zusammengehörigkeit be-

»Zusammengehörigkeitshaltung«

kannt ist (Verlobte, Eheleute), bei Berührung durch den anderen zurückzucken, dann ist es ziemlich sicher: Da hängt der Haussegen schief. Es liegt in der Natur der Dinge, daß vorzugsweise unverheiratete Paare oder solche, die noch in den Flitterwochen leben, sich auf Gesellschaften nicht trennen. Wo man den einen trifft, ist der andere unmittelbar dabei. Ständiges Beieinandersein signalisiert das (vielleicht sogar übersteigerte) Zusammengehörigkeitsgefühl.

Für diese Paare gilt es als selbstverständlich, daß sie sich nicht trennen. Sie glauben noch, daß das niemals anders werden könnte. Auch brauchen sie keine Erklärungen dafür, daß sie sich völlig allein, von den anderen abgesondert, bewegen.

Geben hingegen Paare Gründe, vielleicht vorgeschobene, dafür an, daß sie sich absondern, also allein sein möchten, dann ist oft schon das allein das Zeichen dafür, daß sie eben nicht zusammengehören. Achten Sie spaßeshalber auch mal darauf, ob sich Ehepaare überkorrekt zueinander benehmen, ein schauspielerisches Lächeln auf den Lippen haben und sozusagen in Höflichkeit machen. Ist es so, dann können Sie sicher sein, die haben gerade einen Krach hinter sich, oder aber die ganze Ehe stimmt nicht mehr.

Vielleicht ist auch das für sie ein lohnenswertes Beobachtungsobjekt: Achten Sie auf Partys, Empfängen, bei Familienfeiern etc. darauf, wer sich lieber mit Personen des gleichen und wer lieber mit Personen des anderen Geschlechtes zusammensetzt, -stellt oder unterhält. Sie werden feststellen, daß Verheiratete, besonders wenn die Ehe unantastbar ist (das ist nicht dasselbe wie »glücklich«), mit Personen des gleichen Geschlechtes beschäftigen. Unverheiratete neigen zu Partnern des anderen Geschlechtes. Neigt aber eine Ehefrau oder ein Ehemann stark dazu, mit Partnern des anderen Geschlechtes zusammenzukommen, dann könnte der Wunsch bestehen, aus der Ehe zu entfliehen. Zwei verheiratete Frauen tauschen sich über Einkaufsgelegenheiten, Kinder und Nachbarschaft aus, bei den Männern wird nicht weniger geklatscht. Wer noch außerhalb der Festung »Ehe« steht, hat Themen, die das Bemühen unterstützen, möglichst bald dort hineinzukommen und flirtet leichtsinnig darauf los.

Wenn Erotik mitspielt

Man mag darüber streiten, ob der Hang unserer Tage, Erotik freiest zu publizieren und beinahe in den Kindergärten zu diskutieren, die ideale Einstellung ist. Zweifellos war die Verklemmung, die bis in die vorige Generation vorherrschte, auch nicht der Bestzustand. Hoffen wir, daß sich das mal auf den überall als golden bezeichneten Mittelweg einpendelt. Es bleibt aber dabei, daß so manche Verklemmung ihre Ursache in Erziehung und Erfahrung hat. Uns geht es nur um die körpersprachlichen Ausdrücke in diesem Zusammenhang. Deutliche Zeichen einer Verklemmung finden Sie in den eng zusammengepreßten Beinen, auch wenn dabei übereinandergeschlagen. Sicher wäre es gut, dererlei Verklemmungen vernünftig zu lösen. Ob das aber mit den heute gepflogenen Signalen erreichbar ist, muß sich erst zeigen. Übersehen wir bei unseren Betrachtungen nicht, daß die Sexualität von primitiven Gemütern mit Kraft und Leistung schlechthin gleichgesetzt wird. Daher die detailgenauen Erlebnisberichte über das Wochenende am Montagmorgen in den Werkstätten und Büros (und sie sind nicht nur auf das männliche Geschlecht beschränkt). Die Zahl der Erlebnisse ist in unseren Tagen ganz besonders stark zum Tüchtigkeitsnachweis erhoben worden. Dadurch finden wir aber auch ein Positivum. Es können sexuale Signale gegeben werden, obgleich damit etwas anderes ausgedrückt werden soll. Beispielsweise nur, daß man im Leben seinen Mann steht oder daß man begehrenswert ist, bzw. anerkannt wird. Gibt es eine Vulgärsprache, die auch ihre Vokabeln im sexuellen Bereich hat und gleichzusetzen ist mit dem, was heute »Fäkalinjurien« genannt wird, so gibt es auch Vulgärzeichen der Körpersprache im sexuellen Bereich. Wir wollen sie hier nicht mit in unsere Betrachtungen einbeziehen.

Was sonst noch so signalisiert wird

Eine Geste, besonders unter Frauen stärker verbreitet, die kaum etwas mit Sex zu tun hat, ist das urplötzliche Abdecken der Brust mit Hand und Teil des Unterarmes. Manchmal mit gekreuzten Händen. Sie drückt ein Erschrecken aus und ist auch zu beobachten, wenn scheinbar nichts da ist, worüber man sich erschrecken könnte. Es kann dann ein Zeichen des Erschreckens darüber sein, daß man ertappt worden ist. Vielleicht mißfällt einem (trotz gegenteiliger Worte) an der Aussage des Gesprächspartner etwas heftig. In abgewandelter Form gehen beide Hände in Brusthöhe und die Handflächen zeigen dabei auf den Sprechenden.

Man will symbolisch das Unangenehme von sich fortschieben. Geöffnete Hände gelten als Gesten der Ehrlichkeit, weil (siehe Betrachtungen über Grußgesten) man in den Händen nichts versteckt halten kann. Wer die offene Hand auf die Brust schlägt, will beteuern, daß er es ehrlich meint.

Früher hat man den werbenden Liebhaber gern so dargestellt: auf einem Bein vor der Angebeteten knieend, die eine Hand auf der (natürlich eigenen) Brust liegend, die andere zum Schwur erhoben.

Mitunter ist die offen dargebotene Hand, bzw. beide vorgestreckten Hände, ein Zeichen für den Stolz über eine vollbrachte Tat. Kinder zeigen immer so die Hände (nie mit dem Rücken nach oben), wenn sie zeigen wollen, wie sauber sie sind.

Zeichen der Zuneigung haben in manchen Fällen betont kühlen Charakter. Menschen, die sie bringen, erinnern an Schaufensterpuppen. Der Eindruck kommt dadurch zustande, daß die ganze Haltung erstarrt zu sein scheint. Derartige Zeichen deuten daraufhin, daß der, der sie zeigt, innerlich nicht beteiligt ist, es nicht ehrlich meint, jedoch für zweckmäßig hält, Zuneigung vorzutäuschen.

Während sonst die auf die Brust gelegte Hand die Ehrlichkeit oder Wahrheit einer Aussage bestätigen soll, ist sie der Versuch zusätzlicher Täuschungen, wenn die Gesamthaltung Kälte ausstrahlt.

Schauen wir nochmals Flirtenden zu, oder solchen, die anbandeln wollen. Führen die Bemühungen nicht zu einem Erfolg, so werden die einzelnen Gesten sprunghaft, etwas abgehackt. Der sich Bemühende signalisiert Enttäuschung.

Es tauchen, besonders in Großstädten, immer wieder einmal Mannequinschulen auf, die von vielen jungen Damen nicht deshalb besucht werden, weil sie hoffen, Mannequin zu werden, sondern weil sie lernen wollen, sich wie solche zu bewegen. Nun ist es zwar nicht gar so leicht, aus Plumpheit Charme zu machen. Die Fair Lady ist zwar reizvoll erfunden (welch Wunder, haben sich doch Dichter seit 2 Jahrtausenden mit dem Stoff befaßt), aber in der Praxis kommt sie kaum vor. Bei den meisten Absolventinnen der Lehrgänge sieht man die einstudierte Haltung. Ganz typisch sind dafür z.B. die parallel liegenden, schräggestellten Unterschenkel oder die in der Knöchelgegend gekreuzten, ausgestreckten Beine.

Wir brachten Ihnen diese Beispiele am Ende des Kapitels, um darzustellen, daß eine auswendig gelernte und einstudierte Körpersprache, weil oft nicht natürlich wirkend, keinesfalls zu gewünschten Erfolgen führen muß.

10. KAPITEL

Potpourri der Körpersprache

Die Gesamtheit der Gesten

Zugegeben, es geht uns jetzt so ähnlich wie bei Tagesordnungen zu Sitzungen und dergleichen. Eine Reihe festgelegter Punkte schließt mit »Sonstiges«. In diesem Sammelbecken stiefmütterlich behandelter Tagungspunkte kommen gerade bei Versammlungen, Sitzungen, Arbeitsgesprächen die besonders interessanten Themen zur Sprache. Während in den ausgeführten und ähnlichen Gesprächssituationen nahezu immer für diesen Punkt zu wenig Zeit bleibt, haben unsere Leser den Vorteil, sich hier so lange aufzuhalten, wie sie wollen.

Denken Sie noch daran, daß nur selten eine Geste allein endgültiges aussagt? Beachten Sie auch, daß Körpersprache komplex gesehen werden muß und außerdem Situation und Disposition das Ihre zu den Äußerungen beitragen. Im Kreise von Freunden äußern sich die Menschen freier. Gegenüber Vorgesetzten oder anerkannten Respektspersonen treten auch bei scheinbar Mutigen Hemmungen auf. Wenn man körperlich und emotionell voll auf der Höhe ist, sich in einem Leistungshoch befindet, sieht die Körpersprache anders aus als bei starker Grippe oder unmittelbar in einem Tief der Emotionen. Denken Sie auch daran, daß viele der Zeichen recht flüchtig sind. Alles ist ununterbrochen in Bewegung. Achten Sie nicht nur auf die Hände, sondern auf den ganzen Körper. Kopf mit Hals und Nacken und dem Gesicht, Arme mit Handgelenken, Händen und Fingern, Hüften mit Beinen, Knöcheln und Füßen sind in die Betrachtungen einzubeziehen.

Achten Sie auch auf große Bewegungen im Gegensatz zu kleinen, auf viel Bewegung im Gegensatz zur betonten Ruhe. Es heißt, daß zu große und zu viele Bewegungen Zeichen der Unreife sind. Reifere Menschen sind nicht nur in ihren Worten, sondern auch in ihren Bewegungen beherrschter, ruhiger, sparsamer und (das allerdings nicht immer) natürlicher. Denken Sie bei Ihren Beobachtungen fernerhin daran, ob die Äußerungen spontan und originell oder nachgeahmt sind. Sie wissen ja, daß die Achtungspersonen oder Menschen der Zuneigung mitunter kopiert werden. Kinesiker gehen bei der Betrachtung von Nachahmungshaltungen in der Familie noch weiter, sie sagen, dort wo die Beziehungen in Ordnung seien, werde die Mutter von der Tochter, der Vater vom Sohn nachgeahmt. Ist es umgekehrt, dann wären das bereits Warnzeichen, die zeigen, daß sich eine falsche Entwicklung anbahnt.

Gelegentlich sind körpersprachliche Äußerungen Masken. Sie fallen, wenn der Mensch sich sicherer fühlt, wenn er meint, es könne ihm nichts passieren. So zeigt mancher seine sonst wohlbehütete Grobheit beispielsweise beim Autofahren. Er befindet sich in seinem blechbegrenzten Revier und beleidigt von hier aus andere Verkehrsteilnehmer. In den eigenen vier Wänden, wie die Wohnung oft so treffend gekennzeichnet wird, ist es mitunter ganz ähnlich.

Die Wissenschaft bemüht sich derzeit, so etwas wie ein Wörterbuch der Körpersprache zusammenzustellen. Vielleicht gibt es sogar einmal eine eigene Zeichensprache, gewissermaßen ein kinesisches ABC. Warten wir ab, zu welchen Ergebnissen diese Bemühungen führen.

In einer beliebten Fernsehsendung mit »Kandidaten« bestand eine Aufgabe darin, ausländischen Gästen eines Restaurants nur mit Hilfe von Gesten (also völlig ohne Worte) die Speisekarte zu erklären. Versuchen Sie sich doch daheim mal in ähnlichem, es muß nicht nur das Erklären von Gerichten sein. Sie werden sehen, wie schwierig es ist, sich allein durch Körpersprache unmißverständlich mitzuteilen. Es gibt auf jeden Fall viel Spaß bei solchen Versuchen.

Was die Richtung sagt

Das hatten wir schon beim Barras (von anderen Preußens genannt): Die Richtung muß stimmen. In der Körperhaltung gilt das besonders augenfällig. Wer Zustimmung ausspricht, aber in Haltung und Bewegung schon zur Flucht ansetzt, wirkt unglaubwürdig. Andere lehnen etwas ab (»Nehmen Sie doch noch ein Stückchen!« – »Nein, danke! ich möchte nicht mehr«), zeigen aber durch mancherlei Gestik, daß sie es gar nicht erwarten können, nachdrücklichst genötigt zu werden. Dann beugen Sie sich scheinbar dem Willen des anderen (der der eigene ist) und sind fein raus. Das hatten wir nun schon oft, doch sollten Sie immer zunächst darauf achten: Jede Geste auf Personen oder Sachen oder ein Heranwinken an sich, deutet auf den Wunsch, etwas einzunehmen, ganz gleich, ob es ein Mensch oder materielle Dinge sind. Jede entgegengesetzte Geste deutet auf Ablehnung oder ein sich-entziehen-Wollen. Wer sich im Rumpf dreht und abwendet, möchte Unangenehmes oder eines anderen Meinung an sich vorüberziehen lassen.

Gefühle sind nicht immer konstant. Wären sie es, so blieben auch die Äußerungen unverändert. Folgern Sie so: Wenn körpersprachliche Aussagen gleichbleiben, bleiben es auch die Gefühle und Anschauungen. Ein Verkäufer, der nicht beim Partner Änderungen der äußeren Haltung bewirkt, hat dessen innere Haltung nicht beeinflußt, kommt nicht zum Abschluß. Änderung der Richtungen sowie Zahl und Größe von Bewegungen lassen auf veränderte Seelenhaltung schließen.

Wird der Gang schneller, die Schritte länger oder kürzer (beim Gespräch im Laufen), so sind das schon Zeichen veränderter Gefühlszustände. Gleiches gilt für das Zusammenfallen einer Haltung oder das Aufrichten aus versunkener »Stellung«!

Da macht sich einer ganz klein, möchte sich am liebsten im Mauseloch verstecken, weil er nicht gut dasteht. Ein anderer wächst zu voller Größe auf, in dem Maße, wie die persönlichen Aussichten wachsen. Rückzug und Zusammenziehung drücken depressive Zustände aus, aggressive Zustände richten auch die Bewegungen auf Angriff. Dazwischen gibt es ein Abwägen, eine Art neutraler Haltung. Es wird auch als Denkgeste bezeichnet, besonders wenn unterstützt durch Streicheln oder Reiben des Kinnes, der Handrücken oder Handgelenke. Man weiß sozusagen noch nicht recht, soll man vor oder zurück. Bei den Gesichtsberührungen spielen vorzugsweise

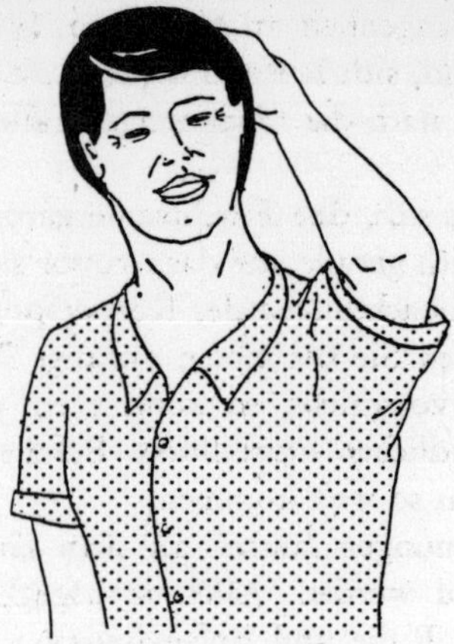

»Richtungsgeste«

Daumen und Zeigefinger die Hauptrollen. Sehr deutlich ist diese Geste beim »Bartzupfen« zu erkennen. Denk- und Verharrensgesten sind sehr häufig mit einem Zusammenkneifen der Augen verbunden. Es erscheinen schon im Anfangsstadium Fältchen in den Augenwinkeln.

Langeweile, Furcht und Unlust

»Das kann doch nicht wahr sein, kneif mich mal, damit ich weiß, daß ich nicht träume!« Wer sich so äußert, gehört zu den Temperamentvolleren. Weniger Lebhafte, die etwas nicht wahrhaben oder glauben wollen, kneifen sich verstohlen selbst. Eine typische Geste für Nervosität und Furcht. Nervosität rührt mitunter von Langeweile her. Wer sich langweilt, legt den Kopf zur Seite, wendet sich ab, verschränkt in seufzender Ergebenheit die Finger.

Eine deutsche Rednerschule hat sich den Ausspruch Emersons zu Eigen gemacht: »Tue das was Du fürchtest, und die Furcht stirbt einen sicheren Tod!«

Rednerschulen richten, nach ihrer eigenen Aussage, eines ihrer Hauptaugenmerke darauf, bei ihren Schülern Hemmungen, Ängstlichkeit, Furcht, Befangenheit zu beseitigen. Indem die Unterwiesenen gezwungen sind, sich laufend durch freie Reden zu exponieren, sollen nach und nach die Hemmungen fallen, die Selbstsicherheit wachsen.

Im Alltag zeigt es sich, daß Furchtsame ganz ähnlich nach vorn fliehen, sie stürzen sich gerade auf das, wovor sie Angst haben. Ein Ansatzpunkt für Beobachtungen der Körpersprache. Furcht gebiert Feindschaft. Bemerken Sie bei einem anfangs Ängstlichen, daß er plötzlich das Kinn vorschiebt, so kommt es, vielleicht über eine Trotzphase, zu feindlicher Einstellung. Erfahrene Kinesiker lassen es allerdings nicht so weit kommen.

Angst und Hemmungen führen zu dem Gefühl, unterdrückt, frustiert, gestreßt zu werden. Alles unausgeglichene Seelenlagen. Der Säugling findet Ruhe und Befriedigung in Saugbewegungen, das hat die Natur so geplant. Äußert er Unlust, so beruhigen ihn Brust oder ein Sauger. Ist beides nicht erreichbar, wird der eigene Daumen zum Sauger erkoren. Ist es nicht aufschlußreich und belustigend, wie auch Erwachsene noch durch Lutsch- oder Saugbewegungen demonstrieren, daß sie sich beruhigen müssen? Sie stecken vielleicht nicht mehr den ganzen Daumen in den Mund, aber die Daumenspitze sieht man schon öfter dort. Andere lutschen an den Fingerknöcheln oder kauen auf der Beuge zwischen dem zweiten und dem dritten Glied des Zeigefingers herum. Würdige Männer greifen zur Zigarre, an der es sich auch ganz gut nuckeln läßt.

»Nasengeste«

Ein schwächeres Zeichen von Unlust und Ablehnung ist das Rümpfen der Nase. Nicht nur wenn unangenehme Gerüche das Riechorgan treffen, sondern auch wenn einem sonst etwas »stinkt«, erscheint dieses Zeichen und wird gelegentlich verbunden mit einem Blick, der über die Nasenspitze als Korn den oder das Abzulehnende anvisiert. Nicht selten sind die Lippen dabei zusammengezogen, es entsteht der Schmollmund. In grober Form zusammengepreßte oder verkrampfte Lippen sind hingegen schon ein Zeichen ausgesprochener Feindseligkeit.

Der Betroffene, dem körpersprachliche Äußerungszeichen nachgewiesen werden, sollte darüber nicht allzu mißgestimmt sein. Er kann entgegenhalten: Wenn aussagekräftige Haltung, Gestik, Mimik nicht mehr erscheinen oder mißachtet werden, dann zeigt sich nicht selten daran, daß ein psychischer Defekt vorliegt.

Kopfhaltung und Mimik sprechen

Professor Birdwhistell, einer der führenden Forscher auf dem Gebiet körpersprachlicher Äußerungen, hat ausgezählt, daß es rund drei Dutzend verschiedener Augenlidpositionen gibt. Außerdem ermittelte er eine gleich große Zahl unterschiedlicher Stellungen der Augenbrauen. Es gehört schon sehr viel Beobachtungsgabe dazu, das alles auseinanderzuhalten. Aus der Vielzahl einzelner Positionen ergibt sich zusätzlich die bedeutend größere Vielfalt möglicher Kombinationen. Die Menschen scheinen zu wissen, daß Augenlider und -brauen verräterisch wirken, deshalb wird so oft die Augenpartie mit Hand, Mützen- oder Hutrand abgedeckt oder völlig dem Einblick durch getönte Brillengläser entzogen. Leute, die nichts von ihrer inneren Einstellung verraten wollen, versuchen außerdem, die Gesichtsmuskeln völlig still zu halten. Dann sehen Sie den Ausdruck sogenannter stoischer Ruhe, das Poker-face oder den Ausdruck, den man mitunter bei Gefangenen und Unterdrückten wahrnimmt. Es ist eine geschauspielerte Unbeteiligheit. Scheinbar absolutes Desinteresse.

Kennen Sie die Leute, die sich konstant beleidigt, gedemütigt oder unterdrückt fühlen? Sie erkennen sie an einem Stirnrunzeln, das nicht mehr aufhören will. Mitunter wurde das solange bewußt eingestellt, bis aus flüchtiger Mimik Physiognomie wurde. Die bei manchen Leuten ständig hängenden Mundwinkel gehören in die gleiche Kategorie.

Sorgenfalten sind überdies nicht mit denen der Nachdenklichkeit zu verwechseln. Während die ersten aus der Stirn eine Art Waschbrett machen, runzelt sich im anderen Falle die Stirn in senkrechte Falten und auch die Haut unter den Augenlidern legt sich in Runzeln.

Wer mit der Waschbrett- oder Wellenstirn der Welt seinen Unmut kundtut und dabei die Schuld an bestimmter Stelle sucht (auf die sich dann Feindseligkeit richtet), verkrampft zusätzlich Kiefernmuskeln und schaut mit schiefem Blick.

Wie schwierig es ist, aus solchen Zeichen Schlüsse zu ziehen, zeigt sich darin, daß ein Stirnrunzeln auch bei momentanen Mißvergnügen auftritt. Betont hochgezogene Stirnhaut, sich in Querfalten legend, ist ebenso Partnerin von Neid und Mißgunst. Auch Ungläubigkeit, Zweifel an einer Aussage, äußert sich durch derartige Falten. Wenn ein Kind eine Ungezogenheit oder welch kleines Vergehen immer, mit einer Ausrede entschuldigt, achtet es auf die Augen. Sieht es, daß die Augenbrauen des Erwachsenen in die Höhe gehen, die Augen selbst größer werden, die Stirn sich in Wellen legt, dann weiß es schon, daß seine Ausrede nichts nützt.

Ich muß etwas in der Hand haben

Geht es Ihnen ebenso wie mir, wo ich auch bin, in sitzender Haltung, muß ich etwas zum Spielen in der Hand haben? Manche Leute nehmen nur etwas zur Hand, um es betont wegzulegen, ja wegzuschmeißen. Das ist ungefähr das gleiche Zeichen, als wenn jemand nach einem Gegenstand tritt. Man will Wut abreagieren. Auf jeden Fall zeigt sich so Gereiztheit. Auch das Mißlingen einer Absicht, Enttäuschung, wird von diesen unschönen Gesten begleitet. Wer weiß, wie viele Telefongabeln oder -hörer auf diese Weise Schaden nahmen. Unmutsäußerung in der gleichen Richtung ist

Zuknallen von Türen. Aber zurück zum Ding in meiner Hand. Kürzlich ertappte ich mich dabei, daß ich die Schreibtischschublade öffnete und schloß, ohne ihr etwas entnehmen oder in sie hineingeben zu wollen. Da fiel mir ein, daß es sich dabei um Denkgesten handeln könne und zähle mich befriedigt seither unter die Denker. Tatsache ist, daß jemand, der nach der Lösung eines Problemes sucht, mitunter in offene Schubkästen oder Schrankfächer schaut, so als ob er dort die Lösung abgelegt hätte. Fällt ihm dann eine Lösung ein, wird Schubfach oder Schranktür mit gewissem Nachdruck betont geschlossen: »So, das haben wir, der Fall wäre beendet!«

Hände, die mit Gegenständen spielen, zeigen gebremste Aktivität. Jemand, der in einer Unterhaltung nicht sonderlich gefordert wird, richtet einen Teil auf derartige Spielereien, er hat Gedankenkräfte frei. Dazu zählt sogar das Kritzeln beim Telefonieren. Auch hier finden Sie Unterschiede, wie könnte es anders sein: Es gibt Menschen, bei denen die scheinbar willkürlichen Kritzeleien Denkarbeit symbolisieren und andere, die sich gelangweilt fühlen und dann die Zeit mit solchen Malereien füllen.

Ein Kinobesitzer in Frankreich, wo das Rauchen in Kinos im allgemeinen erlaubt ist (nicht nur den Gästen der Raucherloge vorbehalten) erzählte, daß von der Zahl der Kippen abgelesen werden könne, wie gut ein Film ankommt. Bei interessanten und spannenden Filmen sei der Zigarettenkonsum bedeutend niedriger als in anderen Fällen. Die Zahl der Kippen zeigt, wann das Programm zu wechseln ist. Sie können an Rauchern anderenorts ebenfalls das Interesse an dem, was sie zu sagen haben, ablesen. Wenn jemand nur in den Pausen der Gespräche raucht (wenn überhaupt), so ist er sicherlich interessierter als ein anderer, der auch beim Sprechen weiterpafft. Heftig ausgedrückte Zigaretten, betont abgeklopfte oder kurz abgestreifte Asche, lassen auf innere Erregung schließen. Gerade wer sich mit Worten oder Mienen sonst in der Gewalt hat, verrät mit solchen Zeichen seinen Erregungszustand. Wenn hingegen jemand mit aller Sorgfalt, betont bedächtig, die Asche abstreift, dann bereitet er sich wahrscheinlich auf Ausführungen vor, die er ebenso sorgfältig überlegt.

»Stuhlschaukeln«

Eine Spielart der Spielereien: das Schaukeln auf dem Stuhl. Oft zu sehen am Telefon und begleitet von einem Blick, der gegen die Decke gerichtet ist. Hier zeigt jemand ganz eindeutig, daß er sich als Herr der Situation fühlt. Das Schaukeln hört abrupt auf, wenn ein Wandel in diesem Gefühl stattfindet, ein Gespräch eine ungünstige Wendung nimmt. Dann können Gegenstände hart ergriffen und von der Hand so umschlossen werden, als ob man sie zerdrücken wolle.

Was hat man so alles in der Hand? Z. B. ein Schreibgerät, mit dem nicht geschrieben, sondern in der Luft unterstrichen wird, um den eigenen Worten mehr Ausdruck zu verleihen. Wird der Schreibstift zum Taktschläger, so signalisiert er Nervosität und Ungeduld. Ein ebenso beliebtes Spielzeug ist die Brille. So mancher schaut nur so drüber weg, betrachtet die Dinge gewissermaßen von oben herab. Leute, die sich gestört fühlen, blicken genau so. Mit abgenommener

Brille zeigt jemand dem Partner, daß er einen Aufschub braucht, die eigenen Gedanken noch nicht völlig geordnet sind. Es fehlt am Willen, unmittelbar zu antworten. Ist beim besten Willen nichts mehr zu polieren, dann steckt der Brillenputzer vielleicht den Brillenbügel in den Mund und wartet, daß der andere mehr sagt, sich eine Blöße gibt.

Jemand der bereit ist, seinerseits in Aktion zu treten, legt die Brille sehr betont auf dem Tisch ab. Sollte es gar zu einer Erregungssteigerung gekommen sein, dann ist das Ablegen ein Hinknallen: Hier steht jemand unmittelbar vor einem Ausbruch der Gefühle. Achtung, er wird gleich aggressiv. Auch ein unvermitteltes Abnehmen der Brille, für das es keinen rechten Grund gibt, zeigt, daß die Ansicht des Gegenübers nicht die eigene ist.

In Vorträgen ist es eindeutig oder eine (dann sogar dumme) Angewohnheit: Wer mitschreibt, interessiert sich für die Aussage

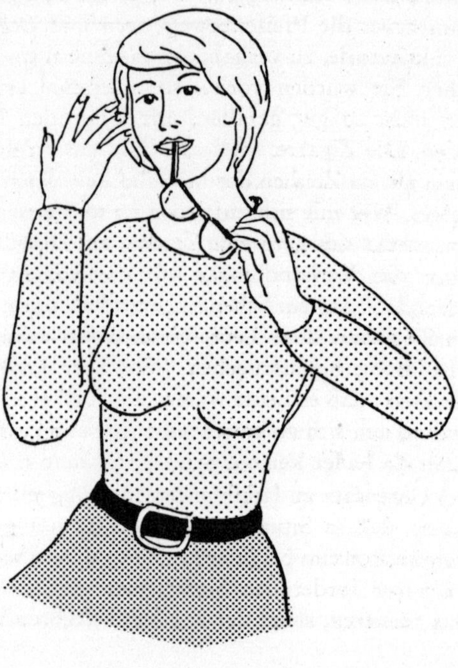

»Mund-Brille-Geste«

des Vortragenden. Im Gespräch gilt das in einem noch höheren Maße. Nur müssen Urteile vorsichtig sein. Es soll (eigentlich nicht) vorkommen, daß der Schreibende etwas ganz anderes notiert und damit deutlich dokumentiert, daß ihn die Worte seines Partners nicht sonderlich interessieren.

Eine Beobachtung, der ich ursprünglich nicht viel Bedeutung zumaß: Der Anteil der Pfeifenraucher unter den Führungskräften nimmt zu. Wie überdies der Anteil der Raucher an den Männern über 30 auffallend abnimmt. Die einschlägige Industrie findet einen neuen Kundenstamm in den Absolventen der ersten Grundschuljahre. In Kinesikerkreisen neigt man zu der Ansicht, daß Pfeifenraucher den Gedankenaustausch lieben. Dazu bemühen sie sich, andere über den eigenen Standpunkt möglichst lange im unklaren zu lassen. Pfeifenraucher sind im großen und ganzen weitaus geduldiger als Zigarettenraucher. Die Pfeife wird, wie das Schreibgerät, ebenfalls zum Taktiergerät, Zeigestock und Hervorhebungsmittel. Je langsamer die Pfeifenbewegungen sind, desto härter versteht es der Taktierende, zu verhandeln. Nun noch ein Wort über Zigarrenraucher. Sie wurden vorhin schon einmal erwähnt, doch mag es ihnen nicht so gut gefallen, mit saugenden Babies verglichen zu werden. Die Zigarre, vielleicht liegt das an ihrer Form, gilt allgemein als ein Zeichen der Männlichkeit. Sie ist auch das Signal des Erfolges. Wer mit sich zufrieden ist und erreichte, was er sich vornahm, steckt sich gern eine Zigarre an. Deshalb sieht man auch zu Beginn von Verhandlungen mit ungewissem Ausgang nur selten brennende Zigarren. Sehen Sie aber hier oder dort doch eine, dann seien Sie sicher, diese Leute glauben fest daran, als Sieger aus der Verhandlung herauszugehen. Wer aber greift zur Zigarette? Es heißt zwar, daß es Leute wären, die flexibel sind und nicht viel Zeit brauchen, um sich zu entscheiden. Ich kann als passionierter Nichtraucher da leider keine eigenen Erfahrungen beisteuern.

Im Gegensatz zu landläufigen Meinungen ist es eine Erfahrungstatsache, daß in Situationen der Anspannung (siehe auch geringer Zigarettenkonsum bei interessanten Filmen) weniger geraucht wird. In weniger fordernden Situationen, da man meint, es könne ja nichts passieren, steigt der Zigarettenverbrauch. Es erinnert an den

Autofahrer, der behaglich raucht, wenn Verkehrs- und Witterungsverhältnisse günstig sind, der aber seine Zigarette sofort ausdrückt, wenn es brenzlig wird. Dann muß er alle Sinne dem Lenken des Fahrzeuges zuwenden. Und dann gibt es noch die Großspurigen (und die Lügner), sie stecken im Streß, sind nervös, haben Zweifel in den guten Ausgang einer Sache, sie möchten das mit der Zigarette überspielen, damit die anderen ihnen die Unruhe nicht anmerken. Mit Rauchwaren und Rauchern machen wir in unseren Betrachtungen Schluß, so wie wir hoffen, daß es mit der ganzen Raucherei in nicht zu langer Zeit auch einmal Schluß ist.

Was hingegen noch ganz am Anfang steht, sind die Betrachtungen und Forschungen auf dem Gebiet der Körpersprache.

Beteiligen Sie sich auch weiterhin und bringen Sie den interessanten Betrachtungen der Kinesik Ihre Aufmerksamkeit entgegen.

Schlußwort

Zuviel versprochen? Ich hoffe nicht; ich hoffe vielmehr, daß Sie sich von nun an draußen besser umschauen. Nützen Sie Ihre Kenntnisse, um bessere Kontakte herzustellen und Mitmenschen menschlich näherzukommen!

Wer aufmerksam beobachtet, wird eine Fülle weiterer Ausdrucksformen sehen und vielleicht so manches entdecken, das hier nicht ausreichend gewürdigt wurde.

In neuzeitlichen Rhetorik-Kursen ist die Lehre von der Körpersprache weitaus stärker eingebaut, als es mit der Schulung von Gestik und Mimik im Redetraining bislang der Fall war.

Schauen Sie sich um, vielleicht finden Sie ganz in Ihrer Nähe Gleichgesinnte, mit denen Sie Ihre Betrachtungen gemeinsam fortsetzen können.

Abdrehen des Oberkörpers
Abweisungsgeste

Ablegen von Dingen
in fremden Revieren bringt zum Ausdruck, daß der eigene Machtbereich ausgedehnt werden soll

Am Ärmel zupfen
Jemandem soll das Wort entrissen werden

Ansehen/Blick
zu kurz: Mißachtung
zu lange: Geringschätzung
Blick wandert über ganze Person: Abtaxierung
selten: Man redet lieber selbst
geweitete Pupillen: Freude
verengte Pupillen: Mißfallen
starr: Feindseligkeit

Ansehensdauer
lange: Sympathie oder Abtaxierung
kurz: Keine Sympathie, Desinteresse

Ascheabstreifen von Zigarre/Zigarette
heftig: innere Erregung
betont bedächtig: Vorbereitungsgeste

Auf der Brust gekreuzte Hände
Geste der Selbstfesselung, Inaktivität, man sieht davon ab, selbst etwas zu unternehmen

Auf Finger beißen
Tiefe Verlegenheit oder hohe Konzentration

Auf Person zeigender Finger
Angriff, Unterstreichung des eigenen Standpunktes

Augen
weit geöffnet: Erstaunen – Erschrecken
wandernder Blick: Besitzanspruch
zukneifen: Vorbereitung
auf Lippen des Partners: Man hört bewußt zu
bewußte Lidbewegungen: Arroganz

Augen zu Boden, Hände auf dem Rücken
Typische Position des Nachdenkens

Augenkontakt wird vermieden
Es gibt nichts mehr zu sagen

Ausatmung
Lange, langsam: Erleichterung
mit gespitzten Lippen = Erstaunen
weit geblähte Nasenflügel = Erregung

Ausgangslage (Nullpunkt)
Lockeres, aufrechtes Stehen mit herabhängenden Armen

Ausgebreitete Arme
Gewinnerwartung

Begrüßung
beidhändig: Jovial, betont herzlich
offene Hände: Man erwartet etwas
Handrücken oben: Es soll etwas ergriffen werden
Handkanten unten: Gleichwertung

Berühren von Dingen
Besitzwunsch, Neugier, Infantilismus

Betontes Ablegen der Brille
oder anderer bislang gehaltener Gegenstände:
Man bereitet sich auf eine Aktivität vor

Bewußtes Ordnen der Kleidung
Man stimmt mit dem Gesprächspartner nicht überein,
verschließt sich dessen Argumenten

Blicke zur Decke oder zum Ausgang
Besonders wenn mit verschränkten Armen verbunden: Wunsch des Aufbruches, man will weg

Breitbeinig dasitzen
dabei Bauch halten: Gleichgültigkeit

Brille abnehmen und aufsetzen
Zeichen von Nervosität

Eintreten

schneller Schritt: Man ist selbstsicher, siegesgewiß
verhaltener Schritt: Unsicher, fluchtbereit

Erhobener Zeigefinger
Rechthaberei, dozieren

Erhöhende Formen
wie hohe Frisuren oder hohe Hüte sind meist der Versuch, sich zu vergrößern und dadurch »herauszuragen«

Fallenlassen einstudierter Gesten
Man ist dem anderen nicht wohlgesonnen – Die Maske fällt

Farben
kräftig: Lebensfreude, Zuwendung zum Dasein
dunkel, farblos: Dem Leben abgewandt
leuchtend: Jugendlichkeit
gebrochen: Kultur, Vielseitigkeit

Fassen der Nasenspitze
Verlegenheit

Faust

Tatwillen, Vorbereitung auf Aktivitäten
Bereitschaftsposition
Schlag auf den Tisch: Überraschung oder Ärger

Füße auf dem Tisch
Demonstration des Revieranspruches, man fühlt sich Herr im Haus

Füße um Stuhlbeine
Zeichen der Unsicherheit

Gekreuzte Fußknöchel
Unbehagen, Angst

Geneigter Kopf
Signal des Interesses, man ist dem anderen geneigt

Geöffnete Knie
Sich selbst öffnen, Kontaktbereitschaft

Gerader Blick, groß geöffnete Augen
Aufdringlichkeit oder Mißbilligung (Vorwurf)

Geschorene Haare
Zeichen der Unterwerfung –
Gelegentlich auch Ausdruck besonderen Mutes

Große Bewegungen
weisen auf Übertreibungen hin –
Unbedeutendheit soll überspielt werden

Haltensänderung im Gespräch
man hat genug, es soll Schluß sein

Hand in Jackentasche, Daumen draußen
Autoritätsgeste

Hand umklammert hinter Rücken andere
Man sucht in sich selbst einen Halt

Hand vor den Mund
Worte sollen unausgesprochen gemacht werden –
Man möchte Worte am liebsten zurückhalten

Handbewegungen

kurz und schnell = Unruhe, Nervosität
betont langsam = Sicherheit

Hände

leicht angehoben: Unterbrechungsgeste, man will sprechen
Fingerspitzen zusammen: Überlegenheit
Wangereiben: Mißfallen
verschlungen: Man will sich betätigen
(auch knetende Hände)
Suche nach Berührungspunkten: Man will sich beruhigen
Die andere sanft berühren: Man will beruhigen
Am Ohr zupfen: Man möchte zu Wort kommen

Hände auf Beckenknochen (Hüfte)

Mensch, der in sich Halt sucht und ihn fand
(Da oft Pose, auf andere Zeichen achten)

Hände hinter dem Rücken oder in Taschen

Schutz der Hände, entweder Schuldbewußtsein
oder Gleichgültigkeit

Hände in Achselhöhle

Ängstlichkeit, man erfährt Unangenehmes

Hände in Oberarmen verkrallt

Mühsame Beherrschung

Händedruck

zu weich: Kraftlosigkeit, Desinteresse, aber auch die Absicht
nicht verletzen zu wollen
zu stark: Schutzgeste, die Unsicherheit überspielen soll
feucht: (wenn nicht krankheitsbedingt) Nervosität, Angst

Händereiben

Erfüllte Erwartungen, Vorfreude, Zuversicht –
Oft Ausdruck der Verlegenheit oder sogar Peinlichkeit

Handfläche zum anderen

oder dem Publikum: Es soll etwas ferngehalten werden,
Ablehnung, Verneinungsgeste

Hautenge Kleidung
ist wie Entblößung Zeichen freierer Sexualauffassungen

Heftige Handbewegungen/Schlaggesten
Deutliches Mißtrauen, Strafandrohung, Unzufriedenheit
Hand zum Nacken: Symbolisch wird zum Schlag ausgeholt

Hinter des anderen Schreibtisch treten
Man maßt sich an, ihm nahe kommen zu dürfen – Revierverletzung – Unterdrückungsverhalten

Kopf in Hand gestützt, Lider halb geschlossen
Konzentration, gespannte Aufmerksamkeit

Kopfhaltung
Nickend oder schräg: Aufforderung sich zu äußern
streng gerichtet: Man will weitersprechen, auch wenn gerade eine Sprechpause gemacht wird
zwischen Schultern ziehen: Unsicherheit

Kopfkratzen, Nackenreiben
Innere Spannungen

Kritzeln beim Telefonieren
Langeweile oder auch Symbolisierung der Denkarbeit

Lange Haare
Signalisierung der (oft nur vermeintlichen) eigenen Stärke

Nach Gegenständen treten
ohnmächtiger Zorn, unerträgliche innere Spannung

Nachahmung einer Haltung
meist Zustimmung, Einverständnis mit dem, dessen Haltung nachgeahmt wird

Nachlässige Kleidung
Gegenüber bzw. Partner werden gering geschätzt, mißachtet

Nasereiben
Zeichen der Unentschlossenheit oder Ratlosigkeit, auch Mißbilligung

Oberkörper aufrichten
Brust weitet sich, Schulterblätter gehen zusammen, Kraftgefühl, Eitelkeitsgeste

Offene Hand
Erwartung, man will etwas hineingelegt haben

Ordnung
streng: Besitzanspruch wird ausgedrückt
leger: Großzügigkeit, Toleranz

Originelle Grußgesten
zeigen meist, daß es an Originalität fehlt

Plazierungssignale
Mitte von mehreren Plätzen: Ich will allein hier sein
etwas zur Seite: Man darf bei mir Platz nehmen
Ecke: Ich kann nicht verhindern, daß Sie Platz nehmen, doch bitte nicht zu nahe rücken

Plötzliches Aufstehen
Überraschung, auch Langeweile

Prüfender Blick auf eigenen Körper
Man will gefallen, besonders dem anderen Geschlecht

Putzen, an Kleidung streichen
Man will gefallen, auf sich aufmerksam machen

Redner der über Pult »hängt«
Unhöflichkeit gegenüber Publikum, Unsicherheit, Haltsuche

Reiben des Nasenrückens
Neugier, man will Geruch genauer definieren, nachdenken

Richtung der Bewegungen
nach oben: positive Gefühle, Aufstrebendes, Freude
nach unten: negative Gefühle, Mißmut, Niedergeschlagenheit
rückwärts: Fluchtversuch, unangenehme Empfindung
vorwärts: Einvernehmenwollen, zugetan sein, auch Angriff

Schlurfende Füße
Mißbehagen

Schrittangabe
Beanspruchung einer Führerrolle

Sich setzen in Vortragsräumen
vorn: Ehrgeiz, man will gesehen werden, selbstsicher
hinten: unsicher, fluchtbereit, weniger interessiert
seitlich: meist kritisch

Sinnlose Tätigkeiten
Signal das Gespräch zu beenden

Sitzen auf Stuhlkante
Fluchtposition, Ängstlichkeit, Mißbehagen

Sitzordnung bei Tisch
Dominierender Platz wird von der Person beansprucht, die auch die Führungsrolle einnimmt –
andere nach Rang und Sympathie verteilt

Spielen am Ring
Man möchte sich von einer Fessel lösen

Spielen an Knöpfen
Selbstdarstellung, Balzgeste

Stehen
lässig: Man will mit der Sache nichts zu tun haben (oder täuscht das vor)
verkrampft: Man hat vor dem anderen Angst, es ist etwas unangenehm

breitbeinig: Selbstsicherheit, realistisches Denken
stramm (wenn freiwillig): Entschlossenheit, auch Verkrampfung
entspannt: Man fühlt sich wohl

Steife, gezirkelte Bewegungen
Eitelkeit, Gespreiztheit, Überheblichkeit

Straffung des Körpers
Aktion wird vorbereitet

Streng zugeknöpfte Kleidung
Distanzzeichen, man will Abstand halten

Taktieren mit Gegenständen
Man ist stark von sich selbst überzeugt

Tiefe Verbeugung
Unterwürfigkeitsgeste – oft gespielt

Über Brille schauen
Mißtrauen, Erstaunen

Über die Stirn fahren
Man fühlt sich überanstrengt

Über Haare streichen
Selbstgefälligkeit, Balzgeste

Übereinandergeschlagene Beine
Mensch verschließt sich, besonders wenn dabei vom anderen abgewendet
Abwartehaltung, auch Ablehnung, wenn plötzlich: Defensivhaltung

Umklammern von Tischkanten u. dgl.
Einvernahmewunsch oder Besitzanspruch

Undurchdringliches Gesicht
Beherrschung, man ist dem anderen nicht wohlgesonnen, er wird nicht akzeptiert

Verkehrtherum auf dem Stuhl sitzen
Überheblichkeit

Verschränkte Arme
Fast immer Schutzhaltung, Abstand soll gewahrt werden

Verstecken hinter »Möbeln«
Schreibtisch bietet oft Schutz vor anderen – Ängstliche verbergen sich gern hinter Tischen (oder Rednerpulten)

Vor anderem aufstellen
Höhere Position wird beansprucht, man will Überlegenheit demonstrieren

Vorgeschobener Kopf
Aggression

Vorneigung des Oberkörpers, Vorrücken
Aktionsbereitschaft, Gespanntsein

Wandernde Redner
Laufbewegungen vor dem Publikum bedeuten meist Eitelkeit oder gebremste Aktivität

Wegdrehen vom Gesprächspartner
während des Gespräches: Mißachtung, Egoismus

Wippende Füße
Ungeduld

Zu lang festgehaltene Hand
Besitzwunsch oder -willen

Zu nahe treten
Aufdringlichkeit, plumpe Vertraulichkeit

Zu stark betonte Gesten
Großmannssucht, Vorspiegelungen, auch durchgehendes Temperament

Zueinanderdrehen

Beginnendes oder wachsendes Interesse am anderen

Zurücklehnen

Innerliches Zurückziehen, man lehnt ab

Zusammengepreßte Knie

Symbolische Verschlossenheit

Verzeichnis der Abbildungen im Text

Quellenverzeichnis

Birdwhistell, R. L.: *Background to Kinesics*
In.: ETC: A Review of General Semantics, 1955

Buttkus, Rudolf: *Physiognomik – Ein neuer Weg zur Menschenkenntnis*
Ernst Reinhardt Verlag, München/Basel, 1970

Fast, Julius: *Körpersprache* – Rowohlt, 1973

Kiener, Franz: *Hand, Gebärde und Charakter*
Ernst Reinhardt Verlag, München/Basel, 1962

Konz, Franz: *Charakterbildung und Persönlichkeitsreifung durch Graphotherapie* –
Heinz Wolf, Fachverlag, Karlsruhe

Kretschmer, E.: *Körperbau und Charakter*
Berlin/Göttingen/Heidelberg 1951

Lersch, Philipp: *Gesicht und Seele*
Ernst Reinhardt Verlag, München/Basel, 1971

Lüscher, Max: *Signale der Persönlichkeit*
Deutsche Verlags-Anstalt

Müller-Freienfeld, Richard: *Menschenkenntnis und Menschenbehandlung*
Verlag des Druckhauses Tempelhof, Berlin

Nierenberg, Gerard I.: *Wer sieht kann erkennen*
Scherz-Verlag, Bern und München, 1972

Strehle, Hermann: *Mienen, Gesten und Gebärden*
Ernst Reinhardt Verlag, München/Basel, 1974

Weitere juristische Bücher

aus dem [illegible] Verlage

[illegible]